提升教师学习科学素养系列丛书　　丛书主编　尚俊杰

创新学习方式：
教师学习科学指导手册

主编／侯　兰
副主编／夏　琪　肖　明

参　编（按姓氏音序排列）
段庆伟　高理想　龚志辉　黄文丹　刘姝君　卢海军
米大毅　石　祝　燕纯纯　于　戈　赵玥颖

机械工业出版社
CHINA MACHINE PRESS

本书以学习科学理论为基础,以北京市海淀区教育科学研究院与北京大学学习科学实验室连续合作多年的学习科学项目研究成果为核心,凝练了学习科学理论与一线教师的教学经验,提出了适合我国本土学生的创新学习方式。本书广泛吸取教育学、脑科学、认知神经科学、认知科学等研究领域的前沿研究成果,从学习科学的视角,重新解读了合作学习、项目式学习、游戏化学习、探究式学习、自主学习和启发式学习六种学习方式,以期帮助教师了解学习科学,形成更加科学的教学策略,让学生的学习更科学、更快乐、更有效。这六种学习方式不仅符合我国当下教育改革的要求,也符合学生未来发展的需求。

本书非常适合中小学教师及师范生学习和使用。作为指导手册,本书的理论部分简短易读,并附有大量教学设计案例片段,教师可以将本书作为工具书随时翻阅。同时,本书也适合对学习科学感兴趣的研究者和实践者阅读。

图书在版编目(CIP)数据

创新学习方式:教师学习科学指导手册/侯兰主编.—北京:机械工业出版社,2023.4
(提升教师学习科学素养系列丛书/尚俊杰主编)
ISBN 978-7-111-72828-3

Ⅰ.①创… Ⅱ.①侯… Ⅲ.①中小学—教学研究 Ⅳ.①G632.0

中国国家版本馆CIP数据核字(2023)第049703号

机械工业出版社(北京市百万庄大街22号 邮政编码100037)
策划编辑:熊 铭 责任编辑:熊 铭 单元花
责任校对:王荣庆 许婉萍 责任印制:李 昂
河北宝昌佳彩印刷有限公司印刷
2023年7月第1版第1次印刷
184mm×260mm·10.25印张·209千字
标准书号:ISBN 978-7-111-72828-3
定价:49.00元

电话服务 网络服务
客服电话:010-88361066 机 工 官 网:www.cmpbook.com
　　　　　010-88379833 机 工 官 博:weibo.com/cmp1952
　　　　　010-68326294 金 书 网:www.golden-book.com
封底无防伪标均为盗版 机工教育服务网:www.cmpedu.com

本丛书是教育部教师工作司委托课题"提升教师学习科学素养研究"(编号:JSSKT2020011)的研究成果。

提升教师学习科学素养系列丛书
编委会

主　任　尚俊杰
副主任　吴颖惠　李　军
编　委（按姓氏音序排列）
　　　　曹培杰　陈高伟　崔佳歆　杜晓敏　侯　兰　胡秋萍　霍玉龙
　　　　蒋葵林　蒋　宇　梁林梅　刘哲雨　缪　蓉　宋官雅　吴筱萌
　　　　肖海明　肖　明　徐秋生　闫新全　杨　红　杨　琼　周新林
　　　　朱秋庭

本书主编、副主编简介

侯 兰 北京市海淀区教育科学研究院科研员，高级教师，信息技术学科市级骨干教师。研究领域涉及教育信息化、深度学习、学习方式变革、学习科学与游戏化学习等。著有《基于互联网教育环境的深度学习》《信息化学习方式教学课例研究与实践》《基础教育信息化自主发展模式》等书。荣获北京市第十五届哲学社会科学优秀成果二等奖等荣誉。

夏 琪 香港中文大学教育学院课程与教学专业博士生。2015年于江南大学，获工学学士学位，2018年于南京师范大学获教育学硕士学位。2018年—2020年担任北京大学学习科学实验室"学习科学项目"项目主管。现为北京大学学习科学实验室成员。主要研究领域为：人工智能教育、学习科学、信息化教学等。参与国家自然科学基金、国家社科基金、教育部人文社科一般项目等十余项课题研究。

肖 明 北京市海淀区教育科学研究院高级教师，北京市信息技术学科骨干教师。长期从事学科教师信息技术培训工作，北京市中小学信息化培训工作先进个人。主持参与多项国家级、北京市级课题研究，多篇论文发表在《中小学信息技术教育》《中国现代教育装备》等期刊；参与中央电化教育馆《人工智能（高中版）》《信息技术学科知识与教学能力》《网络安全教程》等教材的编写工作；参与教育部教育管理信息中心《中国互联网学习白皮书》之《人工智能教育（基础教育）发展报告》的编写。

丛书序

提升教师学习科学素养，促进课堂教学深层变革[一]

当前，以互联网、移动互联网、人工智能、大数据、虚拟现实/增强现实等技术为代表的信息技术对社会产生了翻天覆地的影响，正在推动社会从工业时代进入信息时代、人工智能时代。社会变革对人才的需求也发生了变化，以知识传授为中心、标准化培养为代表的工业时代的教育模式已经无法适应当前社会发展的需要。因此，世界各地都在进行教育变革，希望借助信息技术促进教育的深层变革。

教育的"主战场"在课堂，要推动教育的深层变革，首要任务是要培养适应新时代教育教学要求的高水平教师，从而推动"课堂革命"。2018年1月，中共中央国务院在《关于全面深化新时代教师队伍建设改革的意见》中明确了要在遵循教育规律和教师成长发展规律的基础上，加强师德师风建设，培养高素质、专业化的教师队伍。教育部教师工作司司长任友群提出用信息技术赋能，建设新时代高素质专业化创新型教师队伍。

建设高素质专业化的教师队伍当然包括多方面内容，我们认为可以从学习科学素养入手，提升教师对教育教学内在科学规律的认识水平，以推动"课堂革命"为突破口，来推动教育的深层变革。

1 学习科学的概念、发展及现状

学习科学（Learning Sciences）是一个跨学科研究领域，涉及认知科学、教育心理学、计算机科学、人类学、社会学、信息科学、神经科学、教育学、教学设计等多个学科。国际学习科学领域的知名研究专家R.基思·索耶（R. Keith Sawyer）教授在《剑桥学习科学手册》一书中指出：学习科学是一个研究教和学的跨学科领域。它研究各种情境下的学习——不仅包括学校课堂里的正式学习，也包括发生在家里、工作场所、场馆以及同伴之间的非正式学习。学习科学的研究目标，首先是更好地理解认知和社会化过程，以产生最有效的学习。其次便是用学习科学的知识来重新设计已有的课堂及其他学习环境，从而促使学习者能够更有效和深入地学习。简而言之，学习科学主要就是研究以下问题：人究竟是怎么学习的，怎样才能促进有效的学习？

[一] 本序言主体内容曾发表于《中小学信息技术教育》2021年第1期。

之所以会提出学习科学,是因为在20世纪80年代,一些在传统认知科学领域颇有建树的科学家意识到,他们在实验室开展的大量认知科学领域的认知研究,似乎没有对真实情境中的教学产生实质性影响,或者说不能真正有效地指导"不规范且具体"的真实情境中的学习,于是他们就往课堂教学走了一步,与同时崛起的人工智能、信息技术、教育技术领域的学者合作,提出了"学习科学"这一崭新的研究领域。

学习科学的概念被提出以后,得到了快速发展。1999年,经济合作与发展组织(Organization for Economic Co-operation and Development,OECD)启动了由26个发达国家参与的大型研究项目——"学习科学与脑科学研究",召集了来自欧洲、美洲、亚洲的著名研究者与教育决策者,共同研究人类的阅读、计算与终身教育等问题。2004年,美国开始拨款创建跨学科、跨学校的"学习科学中心",并给予稳定持续的巨资支持,随后陆续成立了6个国家级跨学科、跨学校的学习科学中心。欧美发达国家已经将学习科学确立为新的教育政策的关键基础,将人类学习的重要研究成果作为课程决策与行动的基础,在实践领域得到了实际应用。

在我国,北京师范大学、东南大学、华东师范大学等高校分别建立了北京师范大学脑与认知科学研究院、东南大学儿童发展与学习科学教育部重点实验室、华东师范大学学习科学研究中心等机构。北京大学教育学院也于2017年联合校内外多学科研究人员、实践人员成立了北京大学学习科学实验室。而且,越来越多的研究机构对学习科学产生了兴趣。2017年9月,国家自然科学基金会和教育部在杭州召开了第186期双清论坛,会议主题为"连接未来:教育、技术与创新",与会专家、领导一致认为要联合多学科力量,加强教育科学基础研究,共同推进教育改革发展。2018年在国家自然科学基金中增加了F0701申请代码,其中支持的很多项目都是和学习科学相关的研究。

❷ 学习科学推动"课堂革命"

学习科学是一个跨学科研究领域,它的核心研究内容究竟是什么呢?《人是如何学习的:大脑、心理、经验及学校(扩展版)》一书中认为改变学习概念的五大主题是记忆和知识结构、问题解决与推理分析(专家分析)、早期基础、元认知过程和自我调节能力、文化体验与社区参与。《剑桥学习科学手册》一书中比较关注学习理论、基于设计的研究、专家学习和概念转变、知识可视化、计算机支持的协作学习(Computer Supported Collaborative Learning,CSCL)和学习环境等研究。《理解脑——新的学习科学的诞生》中则比较关注脑的发育、环境对脑学习的影响、读写能力与脑、数学素养与脑等内容。

我们曾经在对学习科学研究重要文献进行计量分析的基础上,提出未来学习科学领域的研究将包括以下三个研究方向:①学习基础机制研究。这一类研究整合了认知神经科学、生物医学和教育学等内容，试图从微观的神经联结层面研究真实情境中的教与学过程，从认知功能与结构相结合的综合视角，研究特定教育干预（学习内容、媒体等）对学习过程的影响。如采用脑科学的方法研究多媒体软件教学是否有效。②学习环境设计研究。这一类研究整合了认知心理学、教学设计、信息技术等内容，也称为学习技术研究，如设计学习软件、学习材料、学习平台和学习空间等。③学习分析技术研究。这一类研究整合了人工智能、大数据等技术，对学习过程行为数据进行分析，如基于慕课（MOOC）的在线学习分析、课堂对话分析、视频分析等。

自学习科学的概念提出以来，各国研究者完成了许多研究成果，其中部分成果已经在真实情境中得到了应用，如移动学习、游戏化学习、虚拟现实/增强现实、基于人工智能和大数据的个性化自适应学习等。例如美国加利福尼亚大学伯克利分校教授玛西娅·林恩（Marcia Linn）领导的基于网络的科学探究环境项目（Web-based Inquiry Science Environment，WISE），不仅催生了支持科学教育实践与评价的知识整合理论与依托平台，而且其研究成果为美国《下一代科学教育标准》（*The Next Generation Science Standards*，NGSS）的出台提供了扎实的理论基础和实践经验。再如教育心理和教育技术领域的著名学者、美国加利福尼亚大学圣芭芭拉分校教授理查德·E.梅耶（Richard E. Mayer）提出的多媒体学习认知理论对信息技术在教育中的应用产生了重要的指导作用。

❸ 提升教师学习科学素养

客观地说，学习科学是一个基础学科，大部分研究都是由高校、科研机构的人员开展的。一线教师虽然可以独立或者和科研人员合作，开展学习科学基础研究，但是他们最主要的是要考虑如何将学习科学的研究成果应用到课堂教学中，以实现学习科学的目标——"在脑、心智和课堂教学之间架起桥梁"，用基础科学的研究成果理解和促进课堂教学。

要实现这一目标，就需要提升教师的学习科学素养。通过专业的项目式学习，构建起以学习科学素养为核心的教学知识能力体系，从实践能力和意识形态两个层面应对新时代教育变革。具体而言，需要教师从教学中的基础问题出发，结合学科教学的需求，以学习科学为理论基础，掌握基于学习科学视角的教学设计、课堂教学、教学评价和教学管理能力。

针对师范专业的学生，可以依托现有的师范生培养课程体系，增加学习科学相关的专业课程。比如，可以开设"学习科学导论"或相关课程，在师范专业的学生的课程学习、教育实习、教学研究中增加学习科学的内容，促使他们从理论和实践相结合的角度建构起学习科学素养，为未来成为一名真正的、优秀的教师奠定基础。其实，不仅是师范专业的学生，其他专业的学生也需要了解学习科学。北京大学2020年启动的"明师培养计划"中也设计了"学习科学与未来教育"等相关课程。

针对在职教师，因为之前的师范教育中大多没有开设专门的学习科学课程，所以可以借助现有的教师系统培训项目，落实其学习科学素养的学习。例如可以通过中小学教师国家级培训计划，向骨干教师渗透学习科学素养的培训内容，再通过骨干教师带动普通教师，层级传导与联动，实现学习科学素养的全面普及。

特别需要提出的是，让教师掌握基于学习科学视角的教学研究能力也很重要，可以打造全面掌握学习科学知识的研究型教师。我们认为，未来的名师有三层境界：第一层境界是教学型名师，能够将课讲得很好；第二层境界是研究型名师，能够结合教学开展行动研究，写出优秀的研究论文；第三层境界是思想型名师，能够在教学研究的基础上提出自己的教学思想。

❹ 提升教师学习科学素养研究项目介绍

北京大学学习科学实验室（http://pkuls.pku.edu.cn）自2015年开始一直致力于推动学习科学研究，启动了为期10年的"人是如何学习的——中国学生学习研究及卓越人才培养计划"（简称中国学习计划，China Learning Project，CLP）项目，开展了基于学习科学视角的游戏化学习、教师课堂行为分析、可穿戴设备教育应用等实证研究，每一年都发布《中国学习计划报告》，并连续召开"学习科学与未来教育前沿论坛"，希望通过这一系列活动推进学习科学事业的发展。

为了更好地推动学习科学和课堂教学深度融合，促进形成学习科学领域专家学者与一线教师的学习共同体，自2017年起，北京大学学习科学实验室联合北京市朝阳区教师发展学院、海淀区教育科学研究院、顺义区教育研究和教师研修中心等机构实施了"提升教师学习科学素养研究"项目。该项目采用行动研究的方法，探索将学习科学整合进基础教育课堂教学的模式、途径、原则及策略，进而从根本上提升基础教育的效率和质量，让学生们学习得更科学、更快乐、更有效，同时也希望打造一批具备学习科学素养的、卓越的研究型教师。

该项目采用了行动研究范式，多家单位选派研究人员、一线教师共同组成课题组，通过学习基础知识、设计精品课例、开展教学研究、撰写总结报告等步骤，力求让教师不仅掌握学习科学的一般概念知识和理论，而且能够将其与课堂教学有机融合，同时开展基于学习科学视角的教学研究，最后能够撰写规范的研究论文。

该项目具体包含以下步骤：①学习科学理论探究。通过线上线下学习、读书会、工作坊等形式，深入学习学习科学基础知识和基本理论，夯实学习科学基础。②撰写教学设计并完成课例。在充分进行理论研究的前提下，在原有研究成果的基础上，融合有效的教学策略，完成基于学习科学视角的教学设计，并形成完整的课例。③开展课堂教学研究。基于自己撰写的教学设计和课例，进一步设计基于学习科学视角的教学实验，然后开展实验研究，完成研究报告。在进行这个步骤的同时还需继续学习相关研究方法。④反思、总结和升华。在前面学习、设计、研究的基础上，撰写总结报告和研究论文，同时进一步理解学习科学的内涵。

该项目目前还在摸索中前行，在多方努力下已经积累了很多研究成果。首先，通过问卷调研发现教师的学习科学理论素养得到了一定的提升。很多教师通过读书、参与讲座、教学展示等多样化的学习活动，提高了自身的学习科学素养，并将学习科学的理论知识与自身的教学经验相融合，辩证地反思自身教学是否科学、有效，从而改进了教学策略。其次，教师的科研能力得到很大提升。教师逐步培养起了将教学与科研相结合的意识。有几十所学校参与了研究课题工作，先后有几十位教师在教育学术期刊、国际大会上发表论文，并做汇报展示。最后，该项目积累了一定的研究素材，比如丰富的教学笔记、教学案例、教学策略手册等。2020年，项目相关单位依托"提升教师学习素养"项目成果成功申请了教育部2020年度教育信息化教学应用实践共同体项目——"学习科学和游戏化学习实践共同体"，目前"学习科学和游戏化学习实践共同体"项目在全国也拥有了比较大的影响力。

⑤ 关于本丛书

本丛书是上述项目的研究成果。课题组的专家、成员和一线教师精诚合作，并结合国内外学习科学理论和实践调研，精心编写了本丛书，希望能够让各位教师受益，助力各位教师早日成为教学型、研究型和思想型名师。

同时，本丛书也是教育部教师工作司委托课题"提升教师学习科学素养研究"（编号：JSSKT2020011）的研究成果，感谢任友群司长、宋磊副司长等各位领导的信任和支持。

⑥ 结语

习近平总书记在党的二十大报告中指出，要"建设全民终身学习的学习型社会、学习型大国"。要建设学习型社会，显然离不开学习科学的支持。具体到教育领域，可以说教育发展急需加强基础研究，而基础研究可以从学习科学开始。提升教师学习科学素养，促进学习科学与课堂教学深度融合，对于推动教育领域的深层变革、促进教育的数字化转型、实现中华民族伟大复兴的中国梦具有重要意义。

尚俊杰　吴颖惠　李军

前　言

本书是北京市海淀区教育科学研究院与北京大学学习科学实验室合作开展的"海淀区教师学习科学素养提升项目"的研究成果。该项目于2018年启动，近千名教师从该项目中获益，数十个学习科学优秀项目校和一大批骨干教师脱颖而出，截至2022年，已形成200余篇教学设计，打磨出精品研究课40余节，公开发表40余篇研究论文，研磨出40余项以教育准实验为主要研究方法的课题成果，有力地提高了教师学习科学的理论素养和实践能力，广泛带动了学习科学研究的普及和开展。从研究教师教到关注学生学，从评判教学任务是否完成及教学目标是否达成，到研究学生学习是否真正发生，学习效果是否明显提升，由教的视角转向学的视角，在学习科学理论引导下，教师的课堂正在悄然发生变革。

在项目推进过程中，我们始终坚持专业阅读，阅览了国内外与学习科学相关的众多专业书籍，受益良多。然而在实践中，我们也敏锐地感觉到一些学习科学的研究理念和成果并不适用于我国的实际应用场景。在这样的背景下，我们决定撰写一本适合我国教师的学习科学指导手册。在书稿撰写中，我们有幸得到北京市海淀区教育科学研究院吴颖惠院长和北京大学学习科学实验室执行主任尚俊杰教授的大力支持，两位专家在搭建书稿整体框架、设计主题思想、确定写作风格等重要方面都予以了极富针对性的指导。几年来，两位专家不仅精心指导书稿撰写，更是项目的高效领导者和引路人。此外，由于本项目是以实验校群体课题方式组织的，北京市海淀区数十所实验校教师贡献了宝贵的教学经验和精彩的教学案例。因此，本书凝聚的是集体智慧。全书有以下三个特点。

第一，本土化。本书是国内第一本专门为我国教师学习和使用而编制的本土化学习科学指导手册。与以往的读物不同，本书由北京大学教育学院学习科学实验室和北京市海淀区教育科学研究院专业人员领衔优秀一线教师共同完成。书中涉及的理论、原则、策略等，是经过一线教师内化、筛选与提炼的，真正做到了让学习科学在我国落地生根。

第二，普适化。本书不仅有科学理论支撑，还有大量精彩的教学案例，囊括了几十所学校优秀教师的教学经验和智慧，适合全国性推广，以此推动学习科学在我国普及。

第三，多样化。本书适应了我国当下的教育改革要求，以科学、寓教于乐的教学手段为教师和学生减负，为新时代教师教学赋能。本书选取了六个创新学习方式，包括合作学习、项目式学习、游戏化学习、探究式学习、自主学习和启发式学习，为一线教师提供了六种可供选择的学习方式，支持教师在课堂中大胆实践，培养学生的综合学习能力。

1 本书的结构

对于一线教师而言，了解并掌握学习科学理论是确保学生学习效果的关键。本书作为"提升教师学习科学素养系列丛书"中的一册，从学生学习的视角出发，提出了很多行之有效的教学策略，可以帮助教师快速建立基于学习科学的教学理念，为教师走进学习科学提供了一个入口。全书共分6章，具体内容如下。

第1章，合作学习（Cooperative Learning）。合作学习在教育领域备受重视，是目前世界各地广泛应用的学习方式之一。我们从学习科学的角度，重新审视合作学习。首先，从"社会建构主义理论""需要层次理论"和"群体动力理论"等角度论述了为什么要开展合作学习。其次，通过理论探讨和已有的学习科学研究发现，提炼了合作学习的四个原则。最后，引证了脑科学和认知神经科学等已有的科学依据，提出了合作学习的分组策略、组织策略、评价和反馈策略、技术支持策略，并列举了一线教师实践中积累的教学设计。通过第1章的学习，教师将对常见的合作学习方式产生新的认知，并由此学习到新的教学思路和方法。即使是新手教师，也可以通过模仿和套用，在课堂上组织合作学习。

第2章，项目式学习（Problem-based Learning或者 Project-based Learning，PBL）。作为培养学生21世纪核心素养的重要途径，项目式学习已成为传统课堂教学的重要补充。我们从学习科学的角度重新审视项目式学习，介绍适合国内学情的项目式学习基本流程，探索提升项目式学习实效的基本策略。首先，梳理了项目式学习的概念和一般实施流程；其次，介绍了项目式学习的理论基础和教育意义；最后，提出了项目式学习的四个原则和具体教学设计策略。这些策略涵盖了项目式学习的方方面面。通过第2章的学习，教师将会掌握项目式学习的理论知识、实践理念，并能依据案例掌握行之有效的项目式学习活动的组织方法。

第3章，游戏化学习（Game-based Learning）。游戏化学习是本书的特色部分，凝练了北京大学学习科学实验室的优秀成果和在实验室指导下完成的优秀教师案例作品。我们从学习科学的角度，重新审视游戏化学习，希望通过理论探讨和实践案例，给出具体解决策略。首先，梳理了游戏化学习的概念，从游戏化学习的特点说明为什么要开发游戏化学习。其次，从认知神经科学和多媒体教学等角度，梳理了游戏化学习的理论基础。再次，基于学习科学理论提出了游戏化教学的基本原则。最后，提出了游戏化学习策略的两种模式，分别是内容游戏化设计策略和结构游戏化策略。通过第3章的学习，教师将对游戏化学习有系统性了解，并掌握游戏化学习的具体方法。

第4章，探究式学习（Inquiry Learning）。探究式学习不仅具有授之以鱼的功能，而且更有授之以渔的突出优点，目前已经成为世界各地广泛应用的学习方式之一。我们从学习科学角度，通过理论探讨和实践案例分析，给出开展探究式学习的理论解读与实践策略。首先介绍了探究式学习的含义、本质，区分了探究式学习和研究性学习的不同。其次，对开展探究式学习的重要性进行了阐述。再次，呈现了探究式学习的相关重要理论。在相关学习科学理论的基础上，阐述了开展探究式学习的原则，分别是学生主体原则、指导性原则、系统设计各有侧重原则和多样化组织原则。最后，对开展探究式学习的策略进行梳理，并结合具体案例对策略进行具体说明。通过第4章的学习，教师将对探究式学习形成系统认知，掌握相关教学组织方法和策略。

第5章，自主学习（Self-regulated Learning）。自主学习也是新课程改革追求和倡导的学习方式之一。本章通过自主学习的概念定义，阐释开展自主学习的重要性和必要性，自主学习的理论基础，以及开展自主学习的四大原则和七大策略。每一条教学策略都引入了一线教师教学设计中的自主学习教学案例。本章通过对自主学习案例进行展示与解读，细化了每一个策略的应用环境和适用条件。通过第5章的学习，教师将对自主学习的概念和理论有全面了解，更会对自主学习的实现方法和教学策略有所感悟和提高。教师可以通过模仿本章的教学案例，轻松地在自己的课堂上指导学生践行自主学习。

第6章，启发式学习（Heuristic Learning）。启发式学习与自主学习具有紧密的联系。启发式学习以学生自主学习为基础，并且强调教师和学习环境对于启发的重要作用。首先，我们对启发式学习的定义进行了重新梳理。其次，从发生认知论、需求层次理论、情境学习理论和学习的脑机制等方面探讨了启发式学习的理论基础。再次，基于理论，总结了启发式学习的基本原则。最后，根据已有的研究结论和教师的教学经验，总结了学习策略，并分别列举了教学案例，通过这些案例再次诠释启发式学习的思想和方法。通过第6章的学习，教师会对自主学习和启发式学习形成新的体会。教师除了了解启发式学习的发展历史和理论背景，还可以通过案例学习，体会启发式学习的理念和方法。

提升教师学习科学素养，促进学习科学与课堂教学深度融合，是北京市海淀区教育科学研究院与北京大学学习科学实验室合作项目一直追求的目标，也是我们共同的期盼。在连续多年的学习、实践和反思中，一批又一批海淀教师正在成长为专家型教师、教育家型教师。希望本书可以带给全国更多教师前行的力量，为学生提供更科学、更有效、更快乐的学习方式！

❷ 本书的作者信息及致谢

本书从策划到编写完成历时一年，由来自北京市海淀区数十所实验学校的一线教师和北京大学学习科学实验室的博士、硕士生协作完成，在这个过程中也得到了许多领导和专家的无私指导和帮助。

全书由侯兰、夏琪和肖明策划、整理和统稿。具体每章的作者信息如下：

第1章编者为刘姝君、夏琪、侯兰、高理想、宋官雅。

第2章编者为米大毅、黄文丹、夏琪、吕圣娟、周宇薇、秦怡萌、王也、薛飞、王秀丽、毛华均、张晶、严正达、肖明。

第3章编者为燕纯纯、龚志辉、侯兰、刘艳星、孟学文、曾萍、王洪梅、郭洋、崔阳、袁琳、白孟秋、马积良。

第4章编者为卢海军、高理想、侯兰、肖明、夏琪、杨利超、唐文越、李莉、陈雪莲、蒋振东、王兴杰、何欣。

第5章编者为于戈、赵玥颖、夏琪、张洁、崔旭东、卢道明、张红健、王文琦、王丹、赵俊强、肖明。

第6章编者为段庆伟、石祝、李杨昕、刘小争、王文娟、王天姣、吕华、张万祥、甄丽。

在本书的编写过程中，丛书编委会的老师们提供了各种形式的指导、支持和帮助。北京市海淀区教育科学研究院院长吴颖惠和北京大学学习科学实验室执行主任尚俊杰，全程参与了本书的策划，并对初稿提出了很多建设性的建议，帮助我们确立了本书的思想体系。北京市海淀区教育科学研究院副院长宋官雅字斟句酌地修改了初稿，为本书提出了很多中肯的修改建议，并对学习科学项目的研究成果表示了充分肯定。值得一提的是，宋官雅副院长是陪伴海淀区学习科学项目一路走来的极为重要的领导，亲身参与了我们的晚间读书会、北大学习工作坊、在海淀举办的各种现场会等，不遗余力地支持我们、鼓励我们、关爱我们。宋副院长的学习精神、敬业精神深深地感染和带动着我们。此外，我们还要感谢吴筱萌、王爱华、霍玉龙、胡若楠、肖海明、张露、张媛媛、何奕霖等北京大学学习科学实验室的老师、同学们给予的无私支持和热情帮助。本项目的延续和良性循环得益于大家的参与和付出，本书的许多思路和素材也源于各位老师和同学的讲座内容和研究成果。我们还要感谢北京市海淀区教育科学研究院的大力支持。本书同时属于"北京市海淀区十四五期间教科研成果丛书"，得到了该丛书编委会成员吴颖惠、宋官雅、白雪、陈尧、方建红、高峰、侯兰、孔伟、刘丹姐、刘建奇、马涛、宋世云、宋永健、王瑞、闫顺林、严星林、赵方军、赵峰的大力支持,在此一并表示感谢。同时,还要感谢首都师范大学王强教授和香港中文大学赵建丰教授、蔡敬新教授对作者在攻读博士学位期间的学习和工作上的支持和指导,本书的很多内容也得益于三位导师的启发。我们还要特别感谢机械工业出版社基础教育分社马小涵社长和熊铭编辑的支持和帮助,让本书得以顺利出版。同时,本书也是教育部教师工作司委托课题"提升教师学习科学素养研究"(编号:JSSKT2020011)的研究成果,感谢教师工作司任友群司长、宋磊副司长等各位领导的信任和支持。

最后感谢各位读者,谢谢你们对本书的支持和厚爱!如果大家对本书有任何意见和建议,敬请指出,我们将不胜感激,欢迎大家与我们联系,xxkxzdsc@163.com。

侯兰　夏琪　肖明

目录 contents

- 丛书序
- 前言
- **第1章 合作学习 / 001**
  - 本章导入 / 001
  - 内容导图 / 002
    - 1.1 什么是合作学习 / 002
    - 1.2 合作学习的理论基础 / 004
    - 1.3 合作学习的四个原则 / 006
    - 1.4 合作学习的四个策略 / 007
    - 1.5 本章结语 / 018
- **第2章 项目式学习 / 019**
  - 本章导入 / 019
  - 内容导图 / 020
    - 2.1 什么是项目式学习 / 020
    - 2.2 为什么要开展项目式学习 / 023
    - 2.3 项目式学习的学习科学理论基础 / 025
    - 2.4 实施项目式学习的基本原则 / 027
    - 2.5 项目式学习的设计策略 / 030
    - 2.6 本章结语 / 042
- **第3章 游戏化学习 / 043**
  - 本章导入 / 043
  - 内容导图 / 044
    - 3.1 什么是游戏化学习 / 044

3.2 为什么要开展游戏化学习 / 045

3.3 游戏化学习的理论基础 / 047

3.4 游戏化学习的基本原则 / 049

3.5 游戏化学习的策略 / 050

3.6 本章结语 / 070

第4章 探究式学习 / 071

本章导入 / 071

内容导图 / 072

4.1 什么是探究式学习 / 072

4.2 为什么要开展探究式学习 / 074

4.3 探究式学习的理论基础 / 075

4.4 探究式学习的基本原则 / 077

4.5 探究式学习的策略 / 078

4.6 本章结语 / 091

第5章 自主学习 / 093

本章导入 / 093

内容导图 / 094

5.1 什么是自主学习 / 094

5.2 为什么要开展自主学习 / 095

5.3 自主学习的理论基础 / 097

5.4 自主学习的基本原则 / 100

5.5 自主学习的策略 / 101

5.6 本章结语 / 125

第6章 启发式学习 / 126

本章导入 / 126

内容导图 / 126

6.1 什么是启发式学习 / 127

6.2 为什么要开展启发式学习 / 127

6.3 启发式学习的心理学和认知神经科学基础 / 129

6.4 启发式学习的基本原则 / 131

6.5 启发式学习的策略 / 132

6.6 本章结语 / 148

第1章

合作学习

【本章导入】

我国有一句谚语"众人拾柴火焰高",是强调合作的重要性。这句谚语还有下半句"三家四靠糟了糕",是说如果总有人怀揣二心,不参与集体活动,那事情就变得糟糕了。我国还有一句谚语"一个和尚挑水喝,两个和尚抬水喝,三个和尚没水喝"。由此可见,合作可以调用集体的力量,但是合作本身也是复杂的,如果没有良好的组织方式,甚至会损害个人和集体的利益。在教育领域中,合作又应该以何种方式组织呢?

在教育领域,合作学习(Cooperative Learning)备受重视。自20世纪70年代,在美国教育家戴维德·空特斯(David Koonts)的倡导下,合作学习逐渐走进大众视野。如今,合作学习已经成为世界各地广泛应用的学习方式之一。美国著名教育评论家埃利斯(Ellis)认为合作学习是符合教育改革的,因为它建立在坚实的基础之上。他认为合作学习如果不是当代最大的教育改革的话,那么它至少是其中最大的之一[1]。20世纪90年代初,合作学习的概念被引入我国[2]。当下,合作学习已经成为我国中小学课堂中常见的教学手段之一。尽管合作学习的有效性已经得到广泛认同,但是合作学习却常常面临挑战。如何在真实的学习环境中组织高效科学的合作学习活动,仍然是亟须解决的重要问题。本章将从学习科学的角度,重新审视合作学习,探讨什么是合作学习,教师如何开展合作学习。希望通过理论探讨和实践案例,给出具体的解决策略。

---

[1] 张志芳.如何更有效地开展合作学习 [J].中国教育技术装备.2011(22):19-19.
[2] 徐冬梅.合作学习在语言实践中的应用研究 [J].教育评论,2017(12):152-154.

【内容导图】

本章内容导图如图1-1所示。

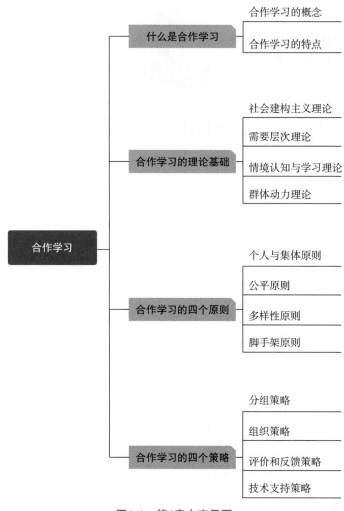

图1-1　第1章内容导图

1.1　什么是合作学习

合作学习是我国基础教育中非常重要的学习方式之一。通过梳理合作学习的概念，有助于我们更深入地理解和应用合作学习。本节将介绍合作学习的概念和特点。

1.1.1　合作学习的概念

合作学习指的是多名学生通过分工合作活动来最大限度地促进自己及他人学习效果

的一种学习方式。在开展合作学习过程中，需要学生之间相互依赖、相互沟通，特别强调学习分工，共同促进学生个体的主体性发展及社会化发展，最终完成学习任务，达到学习目标。合作学习不仅可以调节课堂氛围，还可以通过构建良性的、相互依存的同伴关系来实现学习目标。合作学习符合我国当下"双减"政策的意识形态，即以学生发展为中心，充分发挥学校育人主渠道的作用，校内教育提质增效，让每个学生在校内能够学得会、学得好、学得足。

很多人将合作学习与协作学习（Collaborative Learning）混淆。协作学习也是一种通过小组或团队的形式组织学生参与的教学活动。与合作学习相比，协作学习更加强调小组成员之间的协作和交流，强调深度合作，强调在协商和交互的基础上共同完成学习任务。例如，四人一组共同完成一份研究报告，采用协作学习的方式，就不能每人仅仅完成一部分，然后拼凑到一起，而需要在分工的基础上加强协作和交流，互相帮助，共同协商，最终完成任务。虽然对这两个术语进行概念定义是有意义的，但在现实情境中，这两者是很难区分开的。小组学习是复杂的，有时候需要分工与合作，有时候又需要在分工合作的基础上加强协作，故本章对合作学习和协作学习这两个概念不做特意区分。本章将重点放在为什么开展合作学习，以及如何开展合作学习这两个方面。

1.1.2 合作学习的特点

美国合作学习专家尼尔·戴维森（Neil Davidson）提炼了合作学习的七个要点：①学习任务由小组合作完成，通过讨论来解决难题；②小组成员面对面地交流；③小组中有合作互助的气氛；④成员的个人责任感强；⑤学习能力不同的学生混合编组；⑥教师直接指导合作技巧；⑦小组成员有组织地相互依赖[1]。我国学者通过长期的本土实践和研究，也总结了三个合作学习的特点：①双向互动性，即合作学习不仅强调师生之间的互动，也要关注学生之间的互动；②平衡均等性，主要体现在学习方式本身的效果，即通过合作的方式培养学生交流和合作的能力；③相互依存性，即小组成员需要彼此互助实现共同的学习目标。

通过文献研究，我们认为合作学习的特点可以概括为两点：①建构性；②规则性。这两点也可以认为是合作学习的重点与难点。建构性是指学生的知识和能力的习得是一个建构的过程。合作学习往往含有探究的味道，学生需要通过组内与组间的合作来获取知识。简而言之，合作是一种学习形式。规则性是指合作学习需要制定规则，这些规则决定了分组机制与课堂互动形式，它是让合作不拘于形、让学生在合作中实现有效学习效果的基础和保障。

---

[1] 马益珍.美国中小学合作学习的特点与实施策略 [J].外国中小学教育，2004（2）：46-48.

1.2 合作学习的理论基础

与传统学习方式相比，合作学习对学生的幸福感和社会支持水平有显著影响[1]。例如，精心组织的小组学习活动（合作学习）可以改善同伴关系，减少学生的压力和情绪问题，进而促进学习投入，对学生的社会、行为、学业和心理健康都有好处[2]。具体而言，合作学习能够最大限度地增加生生互动，满足学生个性化心理需求，塑造良好的学习氛围，以及提升整体的学习绩效[3]。

1.2.1 社会建构主义理论

社会建构主义的重要理论来源是苏联教育家维果茨基（Lev Vygotsky）关于思维发展的研究成果，他认为文化和社会情境对于个体思维发展具有重要的影响，强调以学生为中心，以及社会互动的作用。该理论认为人的高级心理机能是社会性相互作用内化的结果，知识是在个体之间进行社会互动的过程中建构的，而不是由个体在与学习环境的交互中建构的[4]。在"最近发展区理论"这一概念中，维果茨基强调学习者个体的认知能力包含两个层次，一个是学习者单独学习时能够建构的能力水平；另一个是在与他人一同工作时，在他人的支持下，能够发展的比独自建构知识时更高的认知水平[5]。在小组合作学习中，学生通过交往与合作来建构知识。通过小组成员之间的思维碰撞，学习者互相学习、取长补短，共同建构出更高水平的知识。另外，学生在分享、论证自己的观点时，思维水平和表达能力会得到充分发展。

1.2.2 需要层次理论

人本主义心理学强调人的自我实现。该理论的代表人物之一，美国著名社会心理学家亚伯拉罕·马斯洛（Abraham H.Maslow）提出了需要层次理论。他认为人未满足的需要能够激励其行为的产生；人的需要存在一定的层次；只有当人的某一层次需要达到最低程度的满足时，才会追求高一层次的需要，如此不断上升，这成为推动个体不断努力的内在动力。马斯洛认为人的需要层次从低到高分别是生理需要、安全需要、社交需

---

[1] TAGHINEZHAD A, PENDAR R, RAHIMI S, et al. The impact of cooperative learning on female medical students' happiness and social support [J]. BRAIN. Broad Research in Artificial Intelligence and Neuroscience, 2017, 8 (3): 57-68.

[2] VAN RYZIN M J, ROSETH C J. The cascading effects of reducing student stress: cooperative learning as a means to reduce emotional problems and promote academic engagement [J]. The Journal of Early Adolescence, 2020, 41 (5): 700-24.

[3] 王鑫, 白树勤. 从理念到实践："合作学习能力培养模式"的构建 [J]. 中国高教研究, 2014 (6): 102-106.

[4] 李宁, 王宁. 合作学习视域下我国大学生创新能力构建 [J]. 江苏高教, 2020 (1): 94-101.

[5] 莫永谊. 翻转课堂教学理念下的合作学习模式研究 [J]. 学位与研究生教育, 2016 (4): 18-22.

要、尊重的需要和自我实现的需要。传统的讲授式大班教学虽然能够提高教学内容传递的效率，但是忽视了个体的差异，难以满足个体不同层次的需要。人本主义心理学的另外一个代表人物卡尔·兰桑·罗杰斯（Carl Ranson Rogers）倡导"以学生为中心"的学习观，强调学习过程中的沟通、理解和人格的自我实现。合作学习为学生提供了丰富的个体之间面对面互动的机会，能够满足学习者的社交需要。在小组中，每个人有更多机会表达自己、有更多机会被倾听，这满足了学习者被他人尊重的需要。

1.2.3　情境认知与学习理论

情境认知与学习理论认为知识具有情境性，不能脱离情境谈知识，认为学习是发生在社会环境中的一种活动，其本质就是个体参与社会实践，与他人、环境等相互作用的过程，是形成参与实践活动的能力、提高社会文化水平的过程。该理论的一个重要概念是"实践共同体"，教育领域一般采用"学习共同体"（Learning Communities）的概念。目前，对学习共同体的界定主要是从群体关系、社会组织的角度切入，认为凡是以社会协商的方法建构知识的团体都可以称为"学习共同体"。对于一个学习共同体的成员而言，其周围的成员及其共同的实践活动、共同的话语、共同的工具资源等，构成了一个学习的环境[1]。由此，我们认为，学习共同体是指学习者基于共同的学习主题，通过合法参与促进知识的社会协商（Social Negotiation），在这一过程中建构的具备一定文化特点的动态场域。学习共同体关注知识的社会文化来源，强调群体交往对学习的影响，弥补了其他学习组织无法实现的知识社会性建构问题，这与合作学习所追求的目标不谋而合。合作学习从情境认知视角来看，可以被解读为小组成员以学习共同体的形式来进行社会协商，在合作活动中共同学习的过程。

1.2.4　群体动力理论

德裔美国心理学家库尔特·勒温（Kurt Lewin）创造的群体动力理论指出，整体并不是各组成部分的简单相加，而是各部分构成的有机统一整体[2]。在一个动力团体中，个体成员状态的变动会影响其他成员状态的变动，这种成员之间紧张的内在状态能激励群体达到共同的预期目的。当小组内的成员共同朝着一个目标努力的时候，需要依靠小组形成的合力。一个学习者目标的实现有利于其他学习者目标的达成，这种相互依赖的关系为学习者个体提供了动力，促使他们互相帮助、互相鼓励。在合作学习过程中，小组成员通过积极互赖的关系共同学习，小组中的成员互相影响形成一个有机整体，学习速度快的同学带动速度慢的同学，推动着全组成员共同朝向目标"进军"。

---

[1] 郑葳，李芒. 学习共同体及其生成 [J]. 全球教育展望，2007（4）：57-62.
[2] 刘燕飞. 组织行为学视角下合作学习共同体研究 [D]. 济南：山东师范大学，2016.

1.3 合作学习的四个原则

从学习科学的角度对合作学习重新解读,可以看到在实施合作学习的过程中也需要考虑四个原则。

1.3.1 个人与集体原则

在合作学习中,无论是学习目标还是学习过程性评价方法的制定,都应该紧紧把握个人与集体原则。一项针对合作学习的元分析表明,合作优于竞争,合作效益优于个人努力的结果,组间无竞争的合作要优于组间有竞争的合作[1]。虽然这样的结果是否适用于一般的课堂教学还有待更多的研究与检验,但它启示着教育工作者,成功的合作学习应该可以实现"一加一大于二"的效果,其中关键的一环是要考虑清楚集体和个人的关系。

个人与集体原则,其实是在强调合作小组组内与组间、竞争与合作的关系。教学设计决定了组员之间的角色与关系。无论是组内还是组间,都可能存在竞争或者合作的关系。组间的激烈竞争可以提高组内成员之间的合作密切性。但是组间的关系也可以是合作形式的,例如以小组的形式完成部分拼图,组与组之间的合作最终完成整个拼图。应该根据具体的学习内容设计组内与组间的关系。

1.3.2 公平原则

在合作学习中,经常被人诟病的一个问题就是部分学生会过于依赖同组成员,从而导致"搭便车"的行为。一项针对数学学习的研究,对如何在合作学习中为学生提供公平的学习机会进行了深入研究[2],研究成果归纳为四点:①消除地位差异,促进公平;②利用角色、剧本和培训来促进公平;③设计支持公平的教学内容;④个人和团体奖励促进公平。

公平原则在教学中可以转化为一种管理机制或者合作规则。教师和学生都应该成为这个机制和规则的制定者、执行者和监督者。其核心目的就是预防"搭便车"的行为产生。公平原则是指要保证学生能够公平参与合作过程,指向学习效益的均衡,避免"强者更强,弱者更弱"的局面。

1.3.3 多样性原则

合作学习不是简单地将学生组织起来,合作学习的方式应该是多样的、灵活的。对

---

[1] JOHNSON D W, MARUYAMA G, JOHNSON R, et al. Effects of cooperative, competitive, and individualistic goal structures on achievement: a meta-analysis [J]. Psychological Bulletin, 1981, 89(1): 47-62.

[2] ESMONDE I. Ideas and identities: supporting equity in cooperative mathematics learning [J]. Review of Educational Research, 2009, 79(2): 1008-1043.

于合作的方式，有研究者通过元分析发现了8种对学生成绩有显著积极影响的合作学习方式，按照影响力从大到小依次是：共同学习（Learning Together）、学术争论（Academic Controversy）、学生-团队-成就-分工（Student-Team-Achievement-Divisions）、团队-游戏-比赛（Teams-Games-Tournaments）、小组调查（Group Investigation）、团队辅助方法个性化（Teams-Assisted-Individualization）、拼图玩具（Jigsaw），以及合作综合阅读和写作（Cooperative Integrated Reading and Composition）等[1]。对于分组方式，可以通过动态分组来实现合作社群的多样性。在传统学习环境中比较常见的方法是选取学习者个人特征作为依据进行分组，如学习成绩、学习能力、思考风格、知识结构等；而在计算机支持的合作学习（Computer-Supported Cooperative Learning）环境中还可以增添学习者的学习行为和动态环境信息，甚至是个人健康情况等[2]。

不同的学习方式也势必导致评价的多样性。因此，多样性原则是指分组的多样性、合作方式的多样性，以及评价的多样性。多样性原则强调教师要注重合作的品质，而不是简单的分小组讨论。多样性原则可以保证合作的每个流程都是灵活的、有效的。

1.3.4 脚手架原则

目前已有的合作学习策略大多关注合作学习的教学组织层面，然而事实上，从关注"合作学习如何教"转变到关注"合作学习如何学"的呼声已经渐起。计算机支持的合作学习（CSCL）关注小组成员之间的交互，以及知识和技能在小组成员之间的共享过程，为如何支持合作学习过程指明了方向[3]。具体的思路是结合认知过程序列来组织各个环节，包括分享交流、相互批判与质疑、论证与推理、意义澄清、共享理解、改进观点、形成作品等。教师可以从认知过程的各个环节出发进行教学设计，信息技术工具可以在其中发挥重要的作用。

1.4 合作学习的四个策略

合作学习包含五个不可或缺的要素，分别是：①积极互赖：同一个小组内的学习者必须通过共同协作才能完成任务；②组内成员的促进性互动：在进行合作学习时，部分任务可以通过学习者个体单独完成，但是必须有一定的工作需要小组内成员进行深入交流、协同加工；③个人责任：小组内的每一位成员都必须承担一定的任务，对最终的学

---

[1] JOHNSON D W, JOHNSON R T, STANNE M B. Cooperative learning methods: a meta-analysis [D]. Minneapolis: University of Minnesota, 2000.
[2] 钟柏昌，黄水艳. 合作学习动态分组的研究进展与思考：基于国际文献的系统综述 [J]. 开放教育研究，2021，27（4）：85-97.
[3] 曹梅. 打开课堂合作学习的黑箱：来自CSCL的经验 [J]. 教育发展研究，2018，38（20）：68-74.

习结果负责;④社交技能:组织能力、交流能力、协调能力、相互尊重的态度等,这对于有效开展合作学习非常重要;⑤小组反思:小组内的成员采取自我检查或反馈的方式对小组合作学习情况进行评价、总结和改进。合作学习通过主动学习、知识建构、团队合作这三个过程来最终实现问题解决。下面以具体的案例详细阐述如何在课堂中设计合作学习。教师开展合作学习时可以参考以下四个策略。

1.4.1 分组策略

合作学习的分组策略会涉及课堂情境中的小组规模,以及分组的方法。也就是我们常常思考的两个问题:小组的规模多大比较合适呢?是同质分组好,还是异质分组好?陈向明认为,态度、知识和技能是小组成员合作完成任务的基础。[一]因此,规模小的小组,势必知识范围也是有限的,小组的合作效力也会受到影响。人数较多的小组,由于个体间的差异比较大,具备的合作效力可能更大。由此可见,在教学中到底应该几个人合作是值得进一步研究的。

目前,关于合作小组的规模并没有确定的结论。罗杰斯(Jenny Rogers)认为,小组规模会影响小组成员之间的参与程度。[二]当小组的成员比较多时,成员参与交流的机会变少,此外,他还给出了具体的小组规模与对应的组员参与程度的关系:3~6人,每个人都说话;7~10人,几乎每个人都说过话,相对安静的人说得较少,有几个人可能一句话都不说;11~18人,其中5~6人说话比较多,3~4人有时加入进来;19~30人,其中3~4个人占用了大部分时间;30人以上,几乎没有人说话。

因此,为了保证小组内每位成员的想法都能被倾听到,小组规模不应过大。另外,参考罗杰斯小组人数与互动频次之间的关系,可知不同规模小组成员之间的互动情况。当组员人数过少时,互动形式单一,难以开展难度较大的合作任务,如图1-2所示。综上所述,为了保证学生能够深度参与和有效互动,一般合作学习的小组人数在4~6人之间比较适宜。

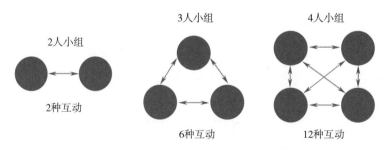

图1-2 不同规模小组成员之间的互动情况

⊖ 陈向明. 小组合作学习的组织建设 [J]. 教育科学研究,2003(02):5-8.

⊜ ROGERS J. Adults learning [M]. 5th ed. Milton Keynes:Open University Press,2007:2-10.

法国神经学家雅克·琼·莱尔米特（Jacques Jean Lermet）第一个描述了脑损伤患者不受控制的模仿行为。[1]他描述了一位男子模仿医生做的每一件事情，说明模仿是脑内与生俱来的能力，但需要额叶抑制模仿行为产生。额叶受到损伤便会出现不受控制进行模仿的行为表现。在学校里，教师总会希望好的榜样被模仿，尤其在年龄小的群体中，孩子更会不自觉地向榜样看齐，即便在青年或成年人群体中，榜样的力量也是巨大的。因此，在合作学习的场景中要发挥榜样作用，更要鼓励教师巧妙地将各种榜样安排在不同的组中，如善于聆听的榜样、善于沟通的榜样、善于钻研的榜样等。此外，根据多样性原则，当小组成员之间的社交能力、认知水平存在差异时，会产生更多的信息，有利于为问题解决提供更多思路，能够促进学生深层次的知识理解和建构。因此，学者普遍认为异质分组对于学生的学习益处更多。对合作学习成效影响比较突出的学生的特征包括：学习成绩、性别、能力、气质和性格、家庭背景等。当小组内包含不同学习成绩的学生时，学习成绩较好的学生可以在帮助成绩较差的学生明晰知识时巩固自己的知识，成绩较差的学生也能得到指导与纠正。另外，不同性别的学生在认知和情感发展等方面存在一定的差异，因此不同性别的学生一同学习时，往往比仅包含一种性别学生时的学习绩效更好，教师在分组时可以让一个小组内包含不同性别的学生。当社交能力较强和相对较为内向的学生被分到一组时，社交能力强的学生会带动较为内向的学生积极投入合作学习中。看看下面这位老师如何在自己的语文课堂上组织学生进行分组合作学习的。

> **案例**　　　　　　　　　《海滨小城》教学片段
>
> 人大附中航天城学校　　母长宇
>
> 1.片段分析
> 通过小组合作学习方式先让学生抓住关键语句形成印象，再抓关键词了解景物样子，进而体会公园榕树大、人欢乐的特点。
> 2.合作探究过程
> （1）学习内容
> "小城的公园更美。这里栽着许许多多榕树。一棵棵榕树就像一顶顶撑开的绿绒大伞，树叶密不透风，可以遮太阳、挡风雨。树下摆着石凳，每逢休息的日子，石凳上总是坐满了人。"
> （2）异质分组依据
> 课文内容分析：对于三年级学生来说，精准找到描写榕树特点的关键词是难

---

[1] 布莱克莫尔, 弗里思. 乐在学习的大脑：神经科学可以解答的教育问题 [M]. 游婷雅, 译. 北京：北京师范大学出版社, 2016. 219.

点,如果只抓到"许许多多""一棵棵"来描述榕树"多",不足以说明榕树的特点。作者在描写公园景象时,只抓榕树这一处景物来谈。榕树之所以成为公园里一道独特风景,是因为榕树像"绿绒大伞",榕树叶"密不透风",能为人"遮太阳、挡风雨"。所以,榕树不仅美观,而且为人们休闲提供了极大便利。"坐满了人"更从侧面表现出榕树遮太阳、挡风雨的效果非常好,人们愿意来到榕树下休息。参考罗杰斯小组规模与小组成员参与程度之间的关系,本课安排四人一小组。在小组人员分配时,考虑组内兼顾学习成绩、思维深度、社交能力等方面,本课将不同特质的学生分配到同组,互相学习,取长补短。

分组结果:组内思维程度较浅的学生抓住榕树"多"的特点;成绩较好、思维程度深的学生从"绿绒大伞""密不透风"等词看到榕树"大""枝叶茂密"的特点,以此达到加深整组对知识的理解的目的。组内社交能力强的学生抓住关键词进行丰富的想象,例如,"榕树像'绿绒大伞',可以看出榕树很大很大,叶子绿油油的,像一把把撑开的大伞,罩住下面坐在石凳上的人们"。这类学生不仅能用生动、丰富的语言表达榕树的样子,还能在朗读中表达出榕树"大""枝叶茂密",以及提供给人舒适感受的特点,带动组内较为内向的学生,丰富自己的想象与表达,积极投入交流,加深对课文的理解。

(3)合作学习要求

1)轮流读表现景物特点的关键词,说一说公园给你留下什么印象。
2)选择恰当的关键词,写在词条上。
3)组内有明确分工。

开展合作学习时需要注意,当合作学习任务比较简单时,采用简单的随机分组便可以达到较好的合作学习效果。但当合作学习任务比较复杂时,需要教师针对以上特征,结合合作学习任务的特点进行分组。

1.4.2 组织策略

如何既保证合作学习的效果,又保证课堂的高效率,是开展合作学习的一个重点问题。若缺乏提高小组参与积极性的策略,参与将仅限于那些在课业以及社交方面很出色的班级成员,更多的学生将在合作学习中受到冷落。合作学习的形式有很多,如上文我们提到过的共同学习、学术争论、学生-团队-成就-分工、团队-游戏-比赛、小组调查、团队辅助方法个性化、拼图玩具,以及合作综合阅读和写作[1],这些合作的形式都可以迁移

---

[1] Johnson D W, Johnson R T, STANNE M B. Cooperative learning methods: a meta-analysis [D]. Minneapolis: University of Minnesota, 2000.

到教学中，甚至进行复杂的组合，尝试创新合作学习的组织策略。

在此，我们遵循上文提出的个人与集体原则。在组织合作学习的过程中，应该秉承促进组内合作、提高组间竞争力的教学策略。以团队比赛和辩论为例，学生自由组成3~4人的辩论团队，以团队为单位自愿领取辩题任务。每个学生都必须参与辩论，学生的成绩由个人表现与小组表现综合得出。这样的组织形式不仅有趣，还提高了学生的参与度。数据分析证实，团队辩论游戏可以提高学生的批判性思维能力[1]。另外，小组调查也是常见的一种完成团队任务的合作形式，例如一些中学生物课，教师会组织学生以小组的形式实地考察并记录学校里各种植物的叶片形状。学生通过拍照和填写表格等形式记录本组的发现，然后进行组间的汇报与交流，以此达成教学目标并提升学生的合作能力。

在线教育能否开展合作学习呢？秉持多样性原则，灵活的教学设计让合作学习更生动地发生在课堂。混合式学习由于具备高度的灵活性，成为一种有效的教学策略。混合式学习的方式是将小组协作安排在课下，课上部分主要由教师进行引导、总结。这不仅打破了课堂的界限，也为合作学习的发生提供了更多可能。下面，我们将以北京市海淀区教师的教学实操为例。

案例 | 混合式合作学习《蜜蜂》教学片段

人大附中航天城学校 沈晓涵

1.学习内容

本节课的授课平台是拓课云，学生通过腾讯会议、微信视频开展小组合作学习。学习目标包括：①能够抓关键语句概括清楚实验步骤，说清实验过程，感受法布尔严谨、求实的科学态度（教学重点）。②通过词语品读、情境朗读、互文阅读等方法体会作者对实验过程表述的准确性和严谨性（教学难点）。

2.学习策略

本节课尝试打破一节课40分钟的传统模式，开展课下小组交流，课上全班讨论混合式学习，通过提前发布学习任务引导学生课下进行多种途径的小组合作，再在课堂上进行汇报交流。

（1）课前通过班级语文群发布探究任务

课前独立学习提示：默读第2~7自然段。思考：法布尔蜜蜂实验分哪几步？画出相关语句、圈出动词，并试着概括实验步骤。

（2）课下小组交流

在小组群中由组长预约一个腾讯会议或约定时间微信视频（教师在各个组群

---

[1] 谷羽，刘芝庆，谷木荣. 以辩论游戏提升大学生批判性思维能力：以新闻传播学课堂实践为例 [J]. 高教发展与评估，2021，37（2）：105-114；120.

中，随机参与）讨论交流学习成果。按照一定的顺序依次叙述自己思考出的实验步骤，教师适当点拨，形成小组讨论成果。（教师在参加了学生小组交流互动后选取有代表性的小组邀请他们拍摄小视频来呈现小组讨论成果。）

（3）课上教师引导组间交流探讨

在正式上课阶段，教师首先要引导学生进行组间交流，利用准备好的小组交流视频，询问班级同学对该小组的汇报有什么建议或补充，完成具体知识的学习任务。其次要提出具有思考难度的问题，引导大家深度思考和班内组间交流讨论。

由于合作学习涉及组内合作、小组展示、教师总结等过程，因此相比教师直接进行知识教授，合作学习需要消耗更多的课堂时间。而课堂时间有限，所以利用混合式合作学习的形式来组织合作学习，将小组合作交流的过程放在课下进行，学生在学习单的引导下先自主思考，再通过交流整合形成小组学习成果，达成深度学习的第一步。课上展示小组录制的视频，在组间互动交流中生成新的认识，撬动深度学习再发生。通过课下组内交流、课上组间交流补充的混合式学习方式，充分利用网络平台和各种其他资源实现有效的深度学习，这既打破了学生孤立的学习状态，也调动了学生的学习积极性。由于课上教学受平台技术限制，较难实现类似教室学习时多个小组同时合作互动与教师全班指导同时进行的模式，我们可以调整单位教学时长，探索更丰富、更灵活的教学模式。

1.4.3 评价和反馈策略

评价与反馈是相辅相成、紧密相连的。评价的目的在于反馈，谢丽尔·范斯坦（Cheryl Feinstein）在《教育与脑神经科学》一书中指出，在青少年时期，人类的大脑处于强化和修剪突触连接的时期，反馈在这个时期特别重要。[1]学生对于新知的理解需要一个过程，当大脑接收新信息时，有些神经元被激活应变，有些则无动于衷。反馈能帮助青少年的大脑确定要开启或关闭哪些神经元，有利于更好地学习新知。反馈要及时而具体，仅仅给学生一个分数或者一个等级而不给具体的反馈意见，是不利于学生学习的。用于自评或他评的评价工具，在大班化集体教学环境中，可以充当"反馈"的载体，弥补教师无法对所有学生及时反馈的弊端。

以评价工具来支持合作学习的开展，发挥评价工具的反馈职能是教师在设计合作学习时必须考虑的内容。从评价的形式来看，在合作学习中，评价可以分为自我评价和他人评价。从评价的内容来看，除了教学目标，培养学生的合作能力也是合作学习的目标

---

[1] 苏泽，西尔维斯特，范斯坦，等. 教育与脑神经科学 [M]. 方彤，黄欢，王东杰，译. 上海：华东师范大学出版社，2014：71.

之一。在下面这个案例片段中,教师通过确定合作学习的观察员评价量表和学生自评量表,将学生的合作意识加入其中,一方面教师可以根据学生的合作意识评价结果采取更加精准的干预措施,另一方面学生通过自评可以发现自己在进行合作时的不足之处,以此来改进自己的合作意识和合作技巧。

案例　合作学习的评价设计节选

人大附中航天城学校　刘姝君

本节课中,采用团队合作学习的方式完成教学内容,评价主体包括师评、自评、互评,评价维度围绕着本单元及本课的教学目标展开,主要包括知识技能、参与程度、合作意识、探究活动。每个评价维度设计了具体的评价内容、评价载体和评价量规,兼顾不同层次的学生,具体见表1-1和表1-2。

表1-1　观察员量表

评价维度	评价内容	评价量规		
		优秀	良好	合格
知识技能	(1)能用数对确定位置。经历在具体情境中探索确定位置的过程,学会确定位置的方法,并能在方格纸上用"数对"确定位置 (2)发展空间观念和推理能力。通过形式多样的确定位置方式,增强解决实际问题的能力、发展合作能力	能灵活运用知识与技能表示物体位置,解决实际问题	较灵活运用知识与技能表示物体位置,解决实际问题	在提示下运用知识与技能表示物体位置,解决实际问题的能力一般
参与程度	(1)参加组内学习活动,积极思考,善于验证,解决问题 (2)数学表达充分,交流能力突出	积极思考,表示物体位置的方法多样,勇于解决问题,表述合理,理由充分	积极思考,表示物体方法多样,勇于解决问题,表述基本合理,理由较充分	表示物体位置的方法单一,能大致表达方法与发现
合作意识	(1)参加组内合作学习,接受任务 (2)取长补短,共同提高 (3)乐于助人,帮助有困难的同学	合作意识强,组织能力好,与他人互相提高,积极帮助有困难的同学	较好地与他人合作,能互相学习,能帮助有困难的同学	能与他人合作,能完成自己的组内任务
探究活动	(1)体验数字研究过程 (2)科学态度与科学精神 (3)质疑、反思与创新意识	表示物体位置的方法多样,对数对理解准确,能灵活运用数对的性质灵活解决问题,表述能力强,逻辑清晰	表示物体位置的方法多样,对数对理解较准确,能运用数对性质灵活解决问题,表述能力较强,逻辑清晰	在提示下能表示物体位置,在提示下能运用数对性质解决问题,能表述

表1-2 自评量表

评价维度	评价内容	评价量规		
		优秀	良好	合格
参与程度	（1）讨论时，能积极主动表达自己的观点 （2）在学习过程中，能集中注意力，不因为无关的事情分心	★★★★★	★★★	★
合作意识	（1）参加组内合作学习，接受任务 （2）愿意与他人合作 （3）在他人提出需求时，能主动帮助	★★★★★	★★★	★
探究活动	（1）在探究活动中，能遵守秩序，不扰乱他人 （2）在他人表达时，能认真倾听 （3）提出的方法，被小组采纳	★★★★★	★★★	★

总之，在合作学习评价设计时，要考虑以下五个方面：①感知同伴的需求，有为同伴提供帮助的意识和能力；②学会倾听他人的观点，互相尊重，具有一定的沟通能力；③明确课堂中的社会文化规范；④具有一定的合作技巧；⑤对个人的贡献进行反思和评估。以自评量表为工具，可以让学生明确标准，在一定程度上起到反馈作用，但在合作学习的课堂中，教师不仅要有节奏地带领学生开展合作学习，还要创造及时反馈的条件。如何快速了解小组的问题，给予有针对性的反馈是值得思考的问题。此外，反馈的目的是帮助学生达到预期的学习水平，就像地图可以为旅行人员指明当前的位置和前进的最佳路线一样，有效的反馈能告知学生当前的知识和行为水平，引导他们朝学习目标不断前行[1]。内容和时机是反馈能否推动学生进行有效学习的两个方面。反馈的内容要有针对性，也就是说教师不能仅仅给出分数或等级，要具体指出学生存在的问题。反馈的时机要恰到好处且要及时，即"趁热打铁"。例如，学生提交的作业教师要尽快批改，予以反馈；前天布置的习题，第二天就要尽快讲评，以增加反馈的及时性。在合作学习开展过程中，面临着课堂纪律涣散、合作跑偏、各自为政等风险，教师更要积极探索反馈的形式与方法，以及时且有针对性的反馈来确保学生的学习效果。

1.4.4 技术支持策略

在开展合作学习时，信息技术不仅能将位于不同地点的师生连接起来，实现同步或异步交流，还能为合作学习提供深入支持。前文提到了计算机支持的协作学习关注小组

---

[1] 安布罗斯，布里奇斯，迪皮埃特罗，等. 聪明教学7原理：基于学习科学的教学策略 [M]. 庞维国，徐晓波，杨星星，等译. 上海：华东师范大学出版社，2012：138.

成员之间的交互，以及知识和技能在小组成员之间的共享过程，为如何支持合作学习过程指明了方向①。通过结构化设计，引导小组成员，以分享交流、相互批判与质疑、论证与推理、意义澄清、共享理解、改进观点、形成作品这七大认知过程序列开展合作学习，完成合作任务，最终达成合作学习的目标。

此外，实验证据也表明，应该考虑激励和惩罚在促进合作方面的作用。有研究利用功能性磁共振成像（Functional Magnetic Resonance Imaging，FMRI）来研究遵守社会规范背后的神经回路，正如预期的那样，在行为实验测试中，参与者在惩罚条件下比在非惩罚条件下将更多的货币转让给他们的伙伴。这表明参与者在惩罚的威胁下更遵守公平的准则，实验研究者推断惩罚机制会影响合作决策②。另有研究证实在游戏中添加惩罚或者奖励机制可以促进合作③。

下面这个来自科学学科的小学合作学习案例，利用信息技术具象化了学习者个人知识建构、组内知识建构、组间互相学习的过程。使用的信息技术也并不复杂，是目前可以公开免费使用的协作文档平台，因此对于广大一线教师而言，非常具有借鉴价值。

> **案例** | 基于混合式课程的小组合作探究——小学科学探究能力培养
>
> 人大附中航天城学校　刘菲
>
> 本课是基于教科版小学科学二年级上册第二单元材料中的《不同材料的餐具》一课，利用微信、每日交作业程序平台，让学生们进行基于真实生活情境的材料探究。
>
> 1. 学习内容
>
> 本课为教科版二年级上册第二单元第2课，是承上启下的内容，旨在引导学生基于已建构的材料视角，在生活中有逻辑地进行多感官、多角度观察，使用科学词汇描述材料的特点，培养了学生的探究兴趣和实事求是的意识，也为学生学习单元后续内容奠定知识与能力基础。
>
> 2. 学习策略
>
> 本课程设计的出发点是培养学生的科学探究及科学表达能力。
>
> 我们设计了混合式小组合作学习模型。包含个人线上自主学习及组内线上交流、班级内线下合作探究等。教师可以基于学生学情及教学的课堂设计灵活使用此

---

① 曹梅. 打开课堂合作学习的黑箱：来自CSCL的经验 [J]. 教育发展研究，2018，38（20）：68-74.
② SPITZER M, FISCHBACHER U, HERRNBERGER B, et al. The neural signature of social norm compliance [J]. Neuron，2007，56（1）：185-196.
③ BALLIET D, MULDER L B, LANGE P A. Reward, punishment, and cooperation: a meta-analysis [J]. Psychological Bulletin，2011，137（4）：594-615.

模型，需要特别说明的是，本模型是依托信息技术的学习模型，能够将不同地点的师生连接在一起，能够跨越时间和空间的限制，实现师生、生生之间同步或异步的交流。模型主要包括以下几个部分：课前在线学习、在线提交实践作业、在线交流提出科学问题、教师筛选科学问题进行研究、课堂小组科学探究、小组线上完成科学调查报告，如图1-3所示。本课程一共包括4课时，班级内分成10个小组，每组3~4人（38位学生）。由于学生的在线学习能力和科学探究能力有所不同，合作学习采取小组内分工，合作解决问题，能够促进生生互动，通过发挥每个学生的长处弥补不足之处，促进学生的自主学习。

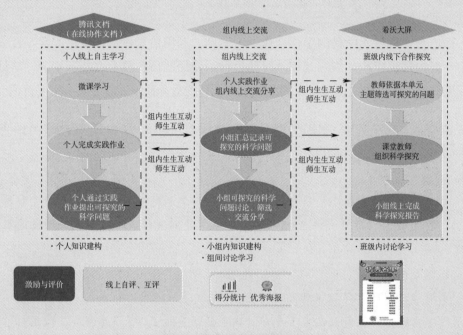

图1-3　混合式学习模型设计

为了在课堂前、中、后更好地掌握学生的自主学习情况，以及课堂探究学习情况，我们依托上述混合式小组合作学习模型设计了如图1-4所示的激励与评价模型。该激励与评价模型是基于科学思维培养的理论与实践，通过正向反馈引起学生对于科学探究的兴趣。在模型中同样是线上评价与线下评价混合使用，能够全面调动学生的学习热情。

下面介绍个人线上自主学习阶段，包括以下三个部分：①教师线上发布自主学习视频，指导学生完成实践作业；②学生自主学习视频内容，完成实践作业；③学生完成实践作业，提出科学问题，并发布于在线协作文档中。自主实践作业及小组交流讨论的结果如图1-5所示，其中包含了个人线上学习及组内线上交流两个阶段的内容。教师根据学生提出的可探究的科学问题，引导小组结合本单元的主题进行问题筛选，并发布于在线协作文档中。

	个人线上自主学习	组内线上交流	班级内线下合作探究
激励与评价	线上自评、互评	线上师评、线上自评、互评	线下师评、线下自评、互评
借助平台	腾讯文档（在线协作文档）	每日交作业（在线讨论区）	评价表

- 线上自评
在协作文档中个人对自己课前线上学习进行评价

- 线上互评
在协作文档中对班级其他同学提出的可探究科学问题进行等级评价

- 线上师评
在线上小程序中教师对班级内的小组线上讨论情况及得出的结论进行评价

- 线上自评、互评
在线上小程序中对本小组及班级内其他小组线上讨论情况及得出的结论进行评价

- 线下师评
教师使用评价表对班级内的小组线下课堂探究讨论情况及得出的结论进行评价

- 线下自评、互评
在线下使用评价表对本小组及班级内其他小组课堂探究讨论情况及得出的结论进行评价

图1-4　小学科学混合式小组合作学习激励与评价模型

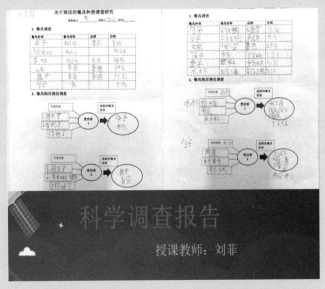

图1-5　自主实践作业及小组交流讨论的结果

> **3. 总结与反思**
>
> 通过对比分析发现，混合式合作学习可以有效提升学生在科学探究过程中提出问题的能力、获取证据的能力，以及处理信息的能力。研究表明，学生通过这样的混合式合作学习，能够学会用科学视角观察身边的事物，培养科学探究的兴趣，从而对科学探究的态度更积极，更有热情。

信息技术可以成为整合小组成员认知的信息载体，为小组成员的交互过程提供支持，有利于显化合作学习的进程，凝聚学习小组的知识产出。教师可以通过为学生提供协作空间来促进学生的合作学习效果。例如，对于线下合作学习，教师可以为学生提供白板或草稿纸；对于在线学习，可以借助在线讨论区、在线协作文档等在线学习平台开展合作学习。具体而言，可以参考我国学者创建的混合式学习环境下的合作学习模型，包括以下五个步骤：讨论、共享、发现冲突、协同建构、评价和反思[一]。首先，给予学生充分的交流讨论空间，这可以依靠交流软件和留言区等实现；其次，学生之间可以共享观点或者作品，从而发现认知的冲突；再次，通过教师的引导实现协同建构，小组内和组间实现取长补短；最后，通过评价和反思，实现教学目标。总而言之，为了提高知识建构，教师要充分考虑学生的最近发展区，从而实现上文提到的规则性，即设计合作学习的规则和学习内容，保障小组内的合作是充分的，组间的分享会出现认同和冲突，以此帮助学生达成学习目标。

1.5 本章结语

合作学习是符合人类自身发展需求的，合作的方式可以满足学生的社交需求，并在一定条件下降低学生的学习焦虑。在课堂中，合作的形式是多样的，因此对应的评价方式也是多元的。教师可以利用信息化工具促进加深合作学习的有效性。在实践中，应该注意避免出现"搭便车"的现象。合理的组织方式和合作机制可以促进合作中的公平原则，即提高合作的效用性。同时，教师也应当意识到，合作不仅是一种重要的学习方式，也是学生需要掌握的21世纪技能中的重要组成部分。培养学生的合作意识、合作技能也是合作学习的重要目标之一。如何提高合作学习的有效性和科学性，仍然需要不断的实践和探索。

[一] 董庆华，郭广生. 混合式学习环境下合作学习模型的建构及实证研究 [J]. 高等工程教育研究，2020（6）：176-181.

第 2 章

项目式学习

【本章导入】

近年来,项目式学习作为培养学生21世纪核心素养的重要途径,在世界各国备受关注。学生不仅要学习已有的文化知识,还要不断提升解决现实生活中真实问题的能力,因此,教师需要培养学生思考分析、沟通合作、批判创新的高阶认知能力和工作方式,以及自我管理、自主学习的能力。在此背景下,项目式学习(Problem based Learning / Project based Learning,PBL)成了传统课堂教学的重要补充。本章,我们将从学习科学的角度,重新审视项目式学习,介绍适合国内学情的项目式学习基本流程,探索提升项目式学习实效的基本策略。

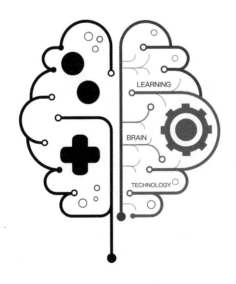

【内容导图】

本章内容导图如图2-1所示。

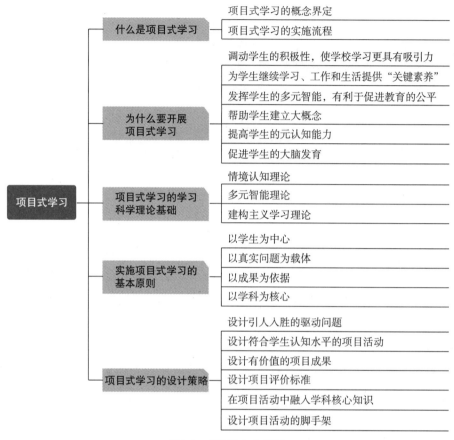

图2-1　第2章内容导图

2.1　什么是项目式学习

2.1.1　项目式学习的概念界定

巴克教育研究所[一]把以课程标准为核心的项目式学习定义为"一套系统的教学方法，它是对复杂、真实问题的探究过程，也是精心设计项目作品、规划和实施项目任务的过程，在这个过程中学生能掌握所需的知识和技能"[二]。简单来说，项目式学习就是学生在教师的指导下以解决问题和完成项目为目标的教和学的过程。它是一种在源自现实生

[一] 美国巴克教育研究所由1987年成立至今，已有30余年的历史，它致力于项目式学习在全球各地的普及与推广，包括与各国教育界展开合作，提供相关专业支持等。
[二] 巴克教育研究所. 项目学习教师指南：21世纪的中学教学法 [M]. 任伟, 译. 北京：教育科学出版社，2008：4.

活的驱动问题或任务的引领下，学生运用已掌握的知识与核心概念进行合作探究，最后进行展示、交流、总结反思的教与学模式。通常，项目式学习应具有驱动问题、聚焦目标、参与实践、投身协作、技术支架、创造产品、评价反思七大特征。项目式学习的"项目"，既可以是小组、班级、年级持续一两周的短项目，也可以是贯穿全学期、全学年的长项目；既可以是从单学科课程标准出发的单学科项目，也可以是跨学科的综合项目。项目通常包含来自现实生活的挑战，聚焦真实的问题，因而更能激发学生的学习热情。

约翰·托马斯（John Thomas）博士认为优秀的项目式学习必须达到五条标准[一]，这几条标准非常具有借鉴性，也有助于我们更透彻地理解项目式学习：第一，中心性（Centrality）：项目是课程的中心，项目即课程，而不是课程的外围；第二，驱动问题（Driving Question）：由问题来驱动学生学习学科的主要概念和原则；第三，建构性调查（Constructive Investigations）：具有目标指向的调查过程涉及探究、知识建构和问题解决，要求调查过程中的主要活动必须包含知识的转换和建构；第四，自主性（Autonomy）：项目学习是由学生驱动的；第五，现实性（Realism）：学生要解决的是现实生活中的真实问题。

2.1.2　项目式学习的实施流程

项目式学习的实施流程通常可分为引入驱动问题、建构知识与能力、参与项目探究、展示项目成果、反思、评价六个步骤，如图2-2所示。

图2-2　项目式学习实施流程

1. 引入驱动问题

驱动问题在项目式学习中扮演着至关重要的角色。驱动问题既可由教师提出，也可由教师引导学生自主提出。选择驱动问题时应注意以下几点：第一，驱动问题要与学生的日常生活相关；第二，要判断学生是否有能力开展基于该问题的项目活动；第三，要考虑是否需要在项目活动中融合多门学科；第四，驱动问题要具有一定的挑战性，能够引导学生进行深层次的思考。

并非与教学相关的所有问题都适合作为驱动问题，它应具备以下特点：一是开放性，即驱动问题的答案并不封闭，并且能引导学生产生更多子问题；二是趣味性，即驱动问题对于学生来说应是有趣的、能激起学生好奇心的；三是价值性，即驱动问题应包

[一] THOMAS J W. A review of research on project-based learning [M]. San Rafael，CA：Autodesk，2000：1-49.

含该学科课程标准中所规定的学生需要掌握的概念[1]，是有学科价值的；四是伦理性，即驱动问题不能违背人类社会的基本道德法则。

2. 建构知识与能力

在这一阶段，学生在教师的指导下，激活已有知识或者补充、完善已有知识，主动建构与项目活动开展、项目成果制作有关的知识与能力，把新学到的知识与原有知识进行有效关联。

3. 参与项目探究

这一阶段包括项目小组的筹备与分工，制定项目的具体探究路径，以及项目的具体实践过程，是项目式学习的主体。可以按照"组内异质、组间同质"的原则进行学习小组的划分。学习小组在教师的指导下经过合作探究，最终完成项目任务。与此同时，大部分知识的获得和技能、技巧的掌握也都在此过程中完成。学生需要对项目的具体探究路径做一个总体规划，如采访哪些专家、开展哪些集体研讨、人员的具体分工、资料的收集与加工方式等。

4. 展示项目成果

展示项目成果是项目式学习区别于其他学习形式的重要特征。在该环节中，学生通过运用项目活动中所获得的知识和技能来完成作品的制作。项目成果包括研究报告、实物模型、图片、录音片段、录像片段、电子幻灯片、网页和戏剧表演等。展示项目成果的形式多种多样，如举行展览会、报告会、辩论会、小型比赛等。展示项目成果为成果交流提供了机会，参与的人员除本校的领导、教师和学生以外，还可以有校外来宾，如家长、其他学校的教师、学生、上级教育主管部门的领导、相关知识领域的专家等。

5. 反思

在这一阶段，学生应总结与反思项目活动过程中各类实践与目标的达成情况，比如可以进行集中研讨，提出进一步改进和完善项目活动和项目制品的建议。

6. 评价

与大多数仅将学生的学业成绩作为最主要或唯一的评价标准相比，项目式学习会从更多方面来对学生做出评价。刘瑞指出：与传统教学评价相比，项目式学习评价应关注从选题、设计、实施到成果的全过程评价[2]。项目式学习中的评价需要由专家、学者、教师、同伴、学生等共同来完成，它不但要求要对结果做出评价，同时也强调要对学习的全过程进行评价，做到定量评价和定性评价、过程性评价和终结性评价、对个人的评价和对小组的评价、自我评价和他人评价的良好结合。

---

[1] 科瑞柴科，克泽尼西亚克. 中小学科学教学：基于项目的方法与策略 [M]. 王磊，蔚东英，姚建欣，等译. 北京：高等教育出版社，2004：10-15.

[2] 刘瑞. 创客教育背景下的项目式学习评价的理论与实践探析 [J]. 教育与装备研究，2019（9）：7-11.

2.2　为什么要开展项目式学习

传统教学强调对知识的记忆，这让很多学生不能深刻理解为什么要学习，导致学习的自主性、创造性大打折扣。项目式学习则是让学生以边做边学的活动形式进行学习，帮助学习者将知识与日常生活联系起来[1]。学生需要在项目活动中自主学习，评估任务要求，评价自己的知识和技能，设计自己的学习方法，监控自己的学习进度，根据需要调整自己的学习策略[2]。这样的活动方式能够让学生感受到所学知识与现实生活的紧密联系，从而更能体会学习的意义。

2.2.1　调动学生的积极性，使学校学习更具有吸引力

自我决定理论认为当环境能够让个体感到能够主宰自己的行为时，他参与活动的动机就会提高[3]。项目式学习充分发挥了学生在学习过程中的主体地位。在项目式学习活动中，学生从项目设计到实施，再到最后产生项目成果，都始终拥有充分的自主探究空间，而不再是被动的知识输入。这种全新的学习理念及形式对学生更具吸引力，有助于调动学生的积极性，最终推动教育教学的改革。此外，项目式学习将课本内的所学知识与现实社会联系起来，能满足全体教师和学生产生与真实世界联结的需求，对技术性、审美性实践更加敏感，塑造不断变革和进取的组织心态，这是当前朝向未来学校转型的路径之一。

2.2.2　为学生继续学习、工作和生活提供"关键素养"

项目式学习不仅有助于学生理解课本知识，还有助于学生自学能力、观察能力、动手能力、团队合作、交际和交流能力、解决问题、资料收集、时间管理、信息整理、高新技术应用等能力的培养。这些都是学生未来可持续发展的关键素养。例如，优秀的项目可以轻松适配计算机、电子白板、GPS设备、数码相机、摄像机等电子设备。借助互联网、AR/VR、AI、3D打印等技术手段，老师和学生不仅能查询信息、创造产品，还可以同专家、同伴和观众建立有效联系，将学生、学校、家庭、社区和真实世界联系起来，使学生们得以探究和解决那些对自身、社区、国家、世界有意义的问题。在开展项目式学习的过程中，学生有机会置身于真实的职场环境中，学习各种技术与技能，学习如何与成人和各类机构打交道。这些经历有助于学生发现和发展他们潜在的职业兴趣，为学

---

[1] BARAN M, MASKAN A, YASAR S. Learning physics through project-based learning game techniques [J]. International Journal of Instruction, 2018, 11（2）: 221-234.
[2] 安布罗斯，布里奇斯，迪皮埃特罗，等. 聪明教学7原理：基于学习科学的教学策略 [M]. 庞维国，徐晓波，杨星星，等译. 上海：华东师范大学出版社，2012：120
[3] 刘丽虹，张积家. 动机的自我决定理论及其应用 [J]. 华南师范大学学报（社会科学版），2010（4）：53-59.

生以后继续学习、生涯规划和职业发展打下良好基础。

2.2.3 发挥学生的多元智能，有利于促进教育的公平

项目式学习的参与者可以是不同风格和类型的学生，尤其是在传统教育环境中表现出学业不良的学生，更有利于挖掘他们的潜能。好的项目式学习能帮助学生发现自我，实现对自我的重新认识和评价，从而不断进行积极探索，发现学习的内在乐趣，甚至完成一次蜕变。项目式学习成果对真实世界产生的影响能激发学生内在的使命感和目标感。他们会看到自己所在的社区，甚至是社区外的整个世界因为他们的努力而发生改变。因此，项目式学习在包容学生不同的学习方式、不同的知识建构的基础上，在研究和解决问题的过程中，可以采用各种不同的方法，就各自的解决方案相互沟通，让学生在差异式的学习方式中做到游刃有余，从而发挥学生的多元智能，利于促进教育的公平①。

2.2.4 帮助学生建立大概念

项目式学习是一种以项目（任务）为载体，围绕大概念组织知识内容开展的、使学生的"学"和"做"系统性融为一体的教学模式。学习科学研究人员在对专家和新手解决物理问题的研究中发现，专家的知识是通过围绕大概念（包括核心概念或主要观点等）来组织的，这些概念和观点引导他们去思考自己的领域②。现行的教材编排模块化，有些关联的知识点分散在不同的单元里，需要在教学中进行必要的整合，而项目式学习正是围绕解决真实问题而设计的，因此弥补了教材中的不足。

2.2.5 提高学生的元认知能力

理查德E.梅耶（Richard E.Mayer）认为元认知在学习中发挥着重要作用，它指导学生对学习材料进行认知加工③。由于学生在项目式学习过程中具有高度的自主性，受到的外部监督较小，因此学生需要调动元认知能力来对自己的学习行为进行调节和监督，在这个过程中元认知能力能够得到很好的锻炼。

2.2.6 促进学生的大脑发育

项目式学习能够调动学生全脑参与，因为项目式学习不仅能够给学生提供丰富的情境，同时也包容学生的多样化学习风格以及完成项目任务的多种方式。在这样的环境氛

---

① 刘石成，李静.项目学习法与学科素养教学的融合 [J].思想政治课教学，2018（9）：11-15.
② 布兰思福特，布朗，科金，等.人是如何学习的：大脑、心理、经验及学校 扩展版 [M]. 程可拉，孙亚玲，王旭卿，译.上海：华东师范大学出版社，2013：33.
③ 梅耶.应用学习科学：心理学大师给教师的建议 [M].盛群力，丁旭，钟丽佳，译.北京：中国轻工业出版社，2017：2-10.

围下，学生能够在情境中运用多种感觉通道激活多种神经联系，从而促进左右脑均得到良好发展[1]。此外，项目式学习能够带动学生的情绪体验和持久记忆，还可以促进儿童的联系性记忆、情感性记忆和生存性记忆。这三种记忆类型将知识进行串联，共同促进大脑发展。

2.3 项目式学习的学习科学理论基础

从项目式学习的概念和意义上可以看出，项目式学习强调真实情境、大概念学习、学习动机和元认知，而这些内容也是学习科学所涉及的领域，所以近年来学习科学发展所提供的课程设计方法、教学方法为开展项目式学习提供了理论基础。

2.3.1 情境认知理论

情境认知理论（Situated Cognition）是继行为主义"刺激—反应"学习理论与认知心理学的"信息加工"学习理论后，与建构主义大约同时出现的又一个重要的学习理论。情境式的学习环境是项目式学习的显著特征之一。J.莱夫（Jean Lave）和E.温格（Etienne Wenger）认为学习是对不断变化的实践的理解与参与，它是情境性活动，是整体的、不可分割的社会实践[2]。情境认知理论的核心观点在于，所有的知识和学习从根本上说都是情境化的，知与行是交互而不可分割的。知识并不是单纯的孤立概念，而应该是包含着概念、概念所发生的情境以及如何使用概念解决问题的完整系统[3]。

此外，情境认知理论还强调实践共同体"合法"参与的重要性[4]。共同体不是简单地把许多人组合起来为同一个任务而工作，拓展任务的长度和扩大小组的规模都不是形成共同体最主要的因素；关键是要与社会联系——要通过共同体的参与在社会中给学生一个合法的角色或真实的任务[5]。项目设计者（通常是教师）只有选择复杂、真实的情境，才能使学生有机会生成问题、提出各种假设，并在解决结构不良的、真实问题的过程中获取丰富的资源；同时，该情境还能提供其他丰富的例证或类似问题以使学生产生迁移。学习的知识与学生熟悉的生活情境越是贴近，学生自觉接纳知识的程度就越高。项目式学习强调要让学生以真实世界中的基本问题为出发点，围绕复杂的、来自真实情境中的主题进行开放性探究。换句话说，学生需要借助真实情境来开展项目式学习活动。

---

[1] 王丽.脑科学新进展与儿童早期教育 [J].当代学前教育，2007（3）：4-8；18.
[2] 莱夫，温格.情景学习：合法的边缘性参与 [M].王文静，译.上海：华东师范大学出版社，2004：15-21.
[3] 王宇，汪琼.慕课环境下的真实学习设计：基于情境认知的视角 [J].中国远程教育，2018（3）：5-13；79.
[4] 莱夫，温格.情景学习：合法的边缘性参与 [M].王文静，译.上海：华东师范大学出版社，2004：23-35.
[5] 王文静.情境认知与学习理论研究述评 [J].全球教育展望，2002（1）：51-55.

例如，学习者需要使用一些认知工具来完成项目任务，通常只有在具体的任务活动中使用认知工具，才能完全理解它的具体功能并掌握它的使用方式。

2.3.2 多元智能理论

美国哈佛大学认知心理学家霍华德·加德纳（Howard Gardner）教授在研究了不同对象的人脑与智能的基础上，提出了多元智能理论（Multiple Intelligences）。该理论认为，智能由一组多元的能力构成，并总结了七种不同类型的智能，也可以理解为人类进化几千年发展而来的七种思维形式。分别是：①数学逻辑（Logical-mathematical）、②语言（Linguistic）、③音乐（Musical）、④空间（Spatial）、⑤运动（Bodily-kinesthetic）、⑥人际（Interpersonal）、⑦内省（Intra personal），见表2-1。虽然每个人都具有一系列的智能，但每个人的智能状况是不同的——可能是遗传和环境的原因。此外，任何两种智能之间没有必然的联系，它们可能涉及不同形式的感知、记忆和其他心理过程。尽管很少有职业完全依赖一种智力，但不同的角色是每种智力的典型"终端状态"。角色是每种智力的"最终状态"的典型。例如，人际交往能力、辨别和回应他人的情绪和动机的人际关系能力会体现在治疗师身上。其他职业更清楚地说明了需要融合各种智能。例如，外科医生既需要空间智能的敏锐度来指导手术刀，又需要灵巧的手艺来完成手术，即熟练地操作手术刀，同时还需要身体感觉智能的灵巧。

表2-1 加德纳提出的七种智能[一]

智能	终端状态（End-States）	核心元素
数学逻辑（Logical-mathematical）	科学家 数学家	对逻辑或数字模式敏感，并有能力进行辨别 能够处理复杂的推理链
语言（Linguistic）	诗人 记者	对声音、节奏和文字的含义敏感 对语言的不同功能敏感
音乐（Musical）	作曲家 小提琴家	有能力创造和欣赏节奏、音高和音色 能够欣赏音乐表现的形式
空间（Spatial）	导航员 雕塑家	准确感知视觉空间世界并且能对自己的初始感知进行转换的能力
运动（Bodily-kinesthetic）	舞蹈家 运动员	控制自己的身体动作和熟练处理物体的能力
人际（Interpersonal）	治疗师 销售人员	对他人的情绪、性情、动机和欲望进行辨别和适当回应的能力
内省（Intra personal）	具有详细和准确的自我认知的人	了解自己的感受并且有能力区分它们并利用情绪来指导行为 了解自己的长处、弱点、欲望和智力

[一] GARDNER H, HATCH T. EDUCATIONAL implications of the theory of multiple intelligences [J]. Educational researcher, 1989, 18（8）：4-10.

多元智能理论强调每个人都有不同的智力强项和优势，学生通过运用自身的智力优势来完成一个学习项目，就意味着他们要创造性地解决问题[1]。多元智能理论启示着教师在教学的不同环节融入不同的智能活动，在学习过程中调动学生的不同智能，扬长避短，全方位促进学生的智力发展[2]。萨莉·伯曼（Sally Berman）以多元智能理论为指导，开发了多元智能课程教学中的项目学习，她设计出很多项目，这些项目在整个范围中主要引导学生去解决问题，发展学生的多元智能[3]。多元智能理论不仅是项目学习的目标制定的引领，也是指导项目学习发展路径的指南。

2.3.3 建构主义学习理论

项目式学习实质上就是一种基于建构主义学习理论的探究性学习模式。项目式学习与建构主义学习理论均强调活动的建构性，强调应在合作中学习，在不断解决疑难问题中完成对知识的意义建构[4]。建构主义强调学生的主体性，即认为教师的任务不是简单地传递知识给学生，而是帮助学生自己建构知识。建构主义强调"做中学"，即以问题解决为任务，驱动学生自主探究完成学习。

何克抗提出了新型建构主义理论，以孔子启发式教学的案例表明，虽然学生是学习主体，但是并未忽视教师在教学过程中的主导作用[5]。这对项目式学习的启示是重要且深远的。项目式学习中的一个常见的问题就是学生获得了过多的自由空间，进而导致学习方向或者过程出现偏差，最终导致课时紧张甚至事倍功半的局面。新型建构主义理论，强调教师的主导作用，突出因材施教的教育思想，这将提高学生在项目式学习中的学习效率和质量。

2.4 实施项目式学习的基本原则

2.4.1 以学生为中心

项目式学习强调学生对学习过程的体验，学生是项目的参与者、协调者和责任人。项目式学习能让学生在学习过程中更富有激情和动力，积极参与项目，达到最佳的学习效果。

---

[1] 夏惠贤. 多元智力理论与项目学习 [J]. 全球教育展望, 2002, 31（9）: 20-26.
[2] 郑丽珠. 多元智能理论在合作学习教学法中的应用 [J]. 福建论坛（人文社会科学版）, 2008（S3）: 101-102.
[3] 黄明燕, 赵建华. 项目学习研究综述: 基于与学科教学融合的视角 [J]. 远程教育杂志, 2014, 32（2）: 90-98.
[4] 徐涵. 项目教学的理论基础、基本特征及对教师的要求 [J]. 职教论坛, 2007（6）: 9-12.
[5] 何克抗. 新型建构主义理论: 中国学者对西方建构主义的批判吸收与创新发展 [J]. 中国教育科学（中英文）, 2021, 4（1）: 14-29.

1. 以学生为中心的项目式学习是学生实现有意义的学习的过程

符合学习者脑认知规律的知识呈现方式（如知识网络），是实现有意义的高效学习的基本保证[1]。在学习过程中，首先需要解决的是如何让学习者排除各种无关干扰，将注意力集中到所学知识内容之上，有效的选择性注意是学习者有意义的高效学习的基本前提条件。在学习过程中，还应该让学习者对自己的学习过程和状态有清晰的认识与了解，这就需要学习者发挥元认知的作用。元认知是学习者有意义的高效学习的重要监控系统。此外，在学习过程中，学习者的认知活动往往需要有非智力因素的伴随参与。强烈的学习动机、坚强的意志力和良好的性格特征等非智力因素使学习者的学习能够更加深入和持续，为其有意义的高效学习提供源源不断的动力。在学习过程中，还需要学习者根据学习状况，选择最佳学习策略来完成任务。学习策略是实现有意义的高效学习的重要保障。在上述条件下，学生在无意识之中掌握某种知识和技能，是有意义的高效学习的高级形式，体现了学习者学习活动的自动式和智能式[1]。研究表明，学生主动参与项目式学习有助于有意义的学习[2]。在项目活动过程中，驱动问题能够给学生带来动机；在设计项目方案时，学生能够自主选择适合自己的学习策略；在实施项目任务时，元认知能帮助学生监控项目活动的进展。

2. 在以学生为中心的项目式学习中，教师主要发挥引导方向和提供支持的作用

以学生为中心的学习能够充分发挥学生的学习主动性。项目式学习构建了"导师与项目组"的新型师生关系，教师成为学生学习的组织者、引导者、支持者、合作者和促进者，这有利于在师生之间建立民主、平等和信任的关系[3][3]。

3. 以学生为中心的项目式学习注重小组合作

项目式学习强调要让学生以小组合作的方式开展项目探究。师生合作、生生合作等各种合作方式都有各自不同的作用。在师生合作当中，教师能够为学生提供一些启迪性建议以及搭建脚手架。在生生合作当中，学生之间能够加强沟通与协作。

2.4.2 以真实问题为载体

"遇到真实的问题，想办法去解决它"是最自然最真实的学习方式和过程，可以解决学习的重要问题：学生为什么学，而不是只强调学生怎么学。在斯坦福大学"项目导向学习的实践与未来"活动期间，玩创Lab首席教育官，拥有25年教育经验的美国知名教育研究所——巴克教育研究所的首席主编约翰·拉尔默（John Larmer）从项目式

---

[1] 胡卫星，李玲，徐多. 脑认知科学视野下学习研究的新进展 [J]. 现代教育技术，2016，26（3）：7.

[2] KIZKAPAN O，BEKTAS O. The effect of project based learning on seventh grade students' academic achievement [J]. International Journal of Instruction，2017，10（1）：37-54.

[3] 刘石成，李静. 项目学习法与学科素养教学的融合 [J]. 思想政治课教学，2018（9）：5.

学习的关键和实践角度出发，探讨了教师和学生在项目式学习中的关系、项目式学习面临的挑战以及未来的契机等议题。其中谈到的一个关键议题是：让学生"主动探究真实的问题"。如果要为学生创造一个能够普及的真实体验，必须在课堂中对现实进行一定程度的模拟。这个关键点在于要让学生和真实的世界建立联系，并不是非要让学生去教室外进行体验才算真实体验，而是这个情境可以由教师基于现实社会的规则进行建构。

项目式学习能使学生完全沉浸在一个真实、细微的问题中，而该问题是具有现实意义的。在真实的世界中，问题的提出往往要比我们想象得更复杂一些，要充分考虑到问题的提出与学生的视角是否一致。若问题是学生真实提出来的，教师带领他们经历探究性的历程，最终能够解决问题，那么这个问题就会显得非常有意义。项目式学习本身是以项目为载体，是学生通过与"问题"对话，展开学习的过程，是从解决问题的实际需要出发，把学生引向"文本知识"与"实践技能"相结合的学习过程。

学生在项目式学习中所面临的问题，往往从问题的"原点"出发，经历观察现象、记录过程、实验验证、统计分析、整理归纳、提炼结论、反思提高的过程，并在解决问题的过程中学习和培养"面对真实情境的原发性思维方式"，这其中就蕴含着对批判性思维和创新能力的培养。

2.4.3 以成果为依据

项目成果是项目式学习效果和教学效果的重要体现之一。在对学习的评价和教学评价中，学习是学习者由经验引起的学习者知识的改变[⊖]。这都说明学习的结果在于学生的知识结构发生了变化，而这些变化可以通过分析学生的项目成果来判断。所以在项目式学习中，主要依据学生项目作品对学生的项目成果进行评价。例如，在程序设计中，如果一个学生实现了计算任意圆面积的程序作品，我们就可以推测学生习得了相关的知识和技能，并能用它来解决生活中的具体问题。

项目成果是展示与交流的重要载体。项目式学习强调展示与交流，有了作品，学生才能去讲解和演示作品的功能，追踪实现的过程，揭示作品的不足和要改进的地方。有了作品，学生才能不断测试，改进自己的项目。有了作品，评价者才能有的放矢，指出项目式学习中存在的具体问题。

2.4.4 以学科为核心

尽管项目式学习与传统学习方式存在很多不同，但是我们在设计与组织时要小心提

⊖ 梅耶. 应用学习科学：心理学大师给教师的建议 [M]. 盛群力，丁旭，钟丽佳，译. 北京：中国轻工业出版社，2017：14.

防一个陷阱：不要把项目中的活动和教学内容本末倒置。归根结底，项目式学习只是教学方式的转变。因此，开展项目式学习项目活动要能直指某个科目或主题的核心内容，与课程标准的内容保持一致[一]。这样才能更好地实现学科的知识技能目标，而且以学科为核心也有利于项目的开展。当项目以学科为核心时，可以利用学科知识和规律，把相关知识进行聚类和组织，从而达到减少过多信息干扰，进而减少学生认识负荷的目的。此外，当以学科为核心开展项目式学习时，也有利于学生在学科学习方法的引领下运用学习策略，从而加强学生对信息的组织和整合，提升学习效率和学习效果。脱离学科核心，项目式学习就是无的放矢、无本之木。因此，项目式学习要在学科的学习目标基础上创设情境、设计项目，以及设计项目的评价标准。

2.5 项目式学习的设计策略

2.5.1 设计引人入胜的驱动问题

驱动问题是指在项目式学习中事先设计好的问题，由教师和学生共同围绕此问题开展项目设计和项目探究，从而解决问题[二]。一个好的驱动问题可以引起学生的兴趣，激发他们提出进一步探究的问题，达到"一石激起千层浪"的效果。它也是整个项目式学习过程中学生始终关注和思考的问题，统领项目中的所有其他活动。怎样设计出引人入胜的驱动问题呢？

1. 从学生的想法中提取问题

在设计驱动问题时，既要和学生的生活实际相结合，又要符合学生的认知规律。与学生生活息息相关的现象或者学生亲身经历的事件，往往可以唤起学生学习和探究的欲望，能够使他们的思维更加活跃，成为驱动问题的有益来源。通常，教师在课上听取学生提问的时候，在课下与学生聊天的时候，在解决学生之间矛盾的时候，或外出开展实践活动的时候，都可以将学生产生的问题和想法记录下来。

> 🔒 **案例** 　　　　《声音的传播》节选
>
> 北京市海淀外国语实验学校　于学清
>
> 　　学生在接受校内心理咨询服务时，时常会因为咨询室外太吵闹，无法顺畅地与心理老师交流想法，于是他们偶尔会抱怨咨询室外噪声太大。从学生的这个困惑

[一] 巴克教育研究所.项目学习教师指南：21世纪的中学教学法 [M].任伟，译.北京：教育科学出版社，2008：46.
[二] 科瑞柴科，克泽尼亚克.中小学科学教学：基于项目的方法与策略 [M].王磊，蔚东英，姚建欣，等译.北京：高等教育出版社，2004：10-15.

> 中，能生成一个很好的驱动问题：如何改造学校心理咨询室。这个问题涉及小学科学学科中的声音单元。

2. 设置思辨性问题

在哲学中，思辨性思维有助于人们更全面、更综合地看待问题。在项目式学习中，思辨性问题也更容易呈现出事物的不同层面，更能囊括不同的知识点，解决的方法也会更复杂。而且因为这类似于现实中的辩论题，所以学生的参与度更高、兴趣更大。这无形中就达到了一个好的驱动问题的多项要求。例如，在语文低年级课外阅读中，罗尔德·达尔的作品深受学生喜爱，他的作品有些也被拍成了电影，如《查理和巧克力工厂》。针对该作品的驱动问题可以为：关于《查理和巧克力工厂》的书和电影，哪个更好？这是关于原著与电影改编孰优孰劣的问题。一系列的子问题可因此产生，如什么是"好"的标准，怎样在品评时做到公正客观等。

3. 设置目标类问题

当项目式学习指向一个特定的、具体的项目目标时，目标的达成需要学生自主将目标进行分解，并各个击破。在此过程中包含了丰富的有价值的学习行为，因此我们说，一个好的项目目标也能成为好的驱动问题。不过这样的目标应该是清晰且具体的、贴近学生生活的，才更能引起学生的兴趣与关注。

例如，在人教版小学五年级《道德与法治》第四单元《美丽文字 民族瑰宝》这一课中，教师为了让学生了解汉字的韵味以及古人造字的方法，可以设置驱动问题让学生来造字，但"我们如何造字？"这个问题，就不如"我们如何创造一个能反映现代生活的字？"这一问题所呈现的目标清晰、具体。

4. 基于角色视角设置问题

项目式学习需要有情有境，才能使学生觉得自己将要解决的问题是真实的、可感的，才能让学习与学生的认知和生活经验发生联系。创设情境最好的办法在于转变学生的角色和身份。学生本就具有丰富的想象力，通过赋予他们其他的社会角色，来解决作为这些角色所面临的问题，对于他们来说会有更强的代入感，他们的学习兴趣也会得到提高。角色的转变在横向上可以驰骋中外，在纵向上可以跨越时间，形式非常自由，适用于各类学科。

2.5.2 设计符合学生认知水平的项目活动

1. 关注学生学情

只有设计符合学生学情的学习实践活动，才能使学习实践活动符合客观规律，以尽可能少的时间、精力和物力投入，取得尽可能好的学习效果，才能做到高效、扎实。

> **案例** 《绘制校园平面图》节选
>
> 北京实验学校（海淀）　纪爱平
>
> 　　学情分析：参与此次项目式学习活动的是小学六年级的学生。他们已经掌握了方向与位置（四年级上册）、形状（四年级下册）、形状面积（五年级上册）、确定位置（五年级下册）、数据分析（五年级下册）等与学习活动相关的知识。然而，他们还没有掌握六年级下册中关于比例尺的知识点，因此需要在项目开启之前习得有关比例尺的知识。此外，大多数同学在学校里度过了近六年的学习时光，因此他们对校园里的一草一木已经十分熟悉，这份熟悉感可以勾起学生对学校每个角落丰富的回忆，促使设计方案不仅更具有现实意义，也更加贴合学生的需求。

2. 关注学生兴趣

　　要使学生积极主动地学习，关键在于能够激发学生的学习兴趣。学生的学习兴趣越浓厚，学习的积极性就越高，学习效果也就越好，使学习变"要我学"为"我要学"。

3. 确保项目的可行性

　　活动的可行性是保证项目活动能否顺畅实施的关键因素。设计具有可行性的学习实践活动，不仅需要考虑任务完成的物质环境、时间条件是否具备可行性，也要考虑任务布置的清晰程度，学生是否清楚地了解规则、实施步骤等。

> **案例** 《巧测银杏树高度》节选
>
> 首都师范大学实验小学　吕圣娟
>
> 　　（1）学校拥有文化象征的两棵银杏树，可以作为测量对象。
> 　　（2）给足探究的时间与空间，不限于教室和课堂上的40min。
> 　　（3）提供师资保障：学生们在完成项目的过程中，可随时与教师进行沟通。
> 　　（4）为学生搭建脚手架，如提供任务清单、项目进度记录表等。
>
> "银杏树到底有多高"任务单
>
> 　　实践活动年级：五年级学生，以组为单位（每组6人以内）。
> 　　活动提示：
> 　　1）巧测学校内南侧的"银杏树的高度"（体现策略的多样性），严禁攀爬等危险方法。
> 　　2）把研究测量的过程用"拍照、记录"等方式反映出来，用PPT形式展示完整的研究过程，并得出准确结论，最后要有完成本次综合实践作业的收获与思考。

3）各班推出优秀"研究成果"在年级展示，有完整研究过程，并得出准确结论的组获得"优胜组"。全年级评出最佳研究成果奖20名（以组为单位）。

完成时间：11月1日前。

有趣的测量——巧测银杏树的高度

测量小组：_____班　第_____组

小组成员：_____

测量时间：_____

测量工具：

小组成员具体分工：

测量过程：

测量后的感受：

2.5.3　设计有价值的项目成果

项目式学习活动的一个重要环节为学生展示他们的项目成果。项目成果一方面作为项目的目标，指引学生开展实践；另一方面，项目成果也是检验学生是否达到学习目标的重要反馈。项目成果的价值感体现在其成果能够为社会、为他人做出一定的贡献，这份贡献能够使学生获得成就感。此外，为了能够让学生真实体会到项目成果对社会或他人的影响，可以把项目成果公开化，放到更大的平台当中。例如，可以在班级中开辟一个展示栏或者项目式成果展，或者开办一个班级读书会、班级分享会等，郑重地把成果公开，让全体同学互相欣赏。除了班级内的公开化手段，教师还可以运用新媒体手段，在学校的公众号、视频号、博客、微博等平台展示各类作品，让学生感受到自己的成果被更多人看到和认可。

> 🔒 **案例**　　　　　　　　《绘本创编》节选
>
> 北京实验学校（海淀）　秦怡萌
>
> 在一年级的绘本创编项目式活动结束后，老师在班里开设了一次"书展"，把所有绘本进行展览，让所有同学自由欣赏。随后，教师让学生把自己的作品读给自己的亲人听，为亲子之间的互动提供了良好条件。最后，教师把优秀的作品上传到学校的公众号中，让学生的项目成果被更多人看到。
>
> "孩子这次作品的主题是《我妈妈》，得知女儿绘本的主人公是我，心情还是很激动的！我才知道原来妈妈在她的心中并不是一直凶巴巴地讲道理，妈妈

为她做的美食让她难忘，妈妈讲的故事让她期待，妈妈和她一起画的作品让她感受到快乐。同时，孩子也看到了妈妈在打扫卫生时的辛苦，封底上的那句'妈妈辛苦了'让我瞬间感动；现实生活中的孩子也是个懂事、爱劳动、知道感恩的孩子。"

——一位妈妈的反馈

"看到孩子为我做的绘本，我非常感动和惊讶！因为工作关系，我经常出差，一年有近一半的时间不在家，所以在家的日子里，我会尽可能多地陪伴在孩子身边。没想到孩子不但没有埋怨，反而更多的是理解和支持。非常感谢快乐活泼的小主编为我出版了这么棒的绘本，给了我这么多赞赏。我一定继续努力！祝愿你勇敢向前，快乐永伴！因为你的成长路上有我陪伴！爸爸爱你！"

——一位爸爸的反馈

2.5.4 设计项目评价标准

在项目式学习中，评价的目的主要是为了更好地促进教学和项目的不断迭代，因此如何评价项目式学习尤为重要。一般来说，评价的方式包括过程性评价和总结性评价。

1. 用过程性评价量规推动项目成果完成

过程性评价是在项目活动过程中，对学生的活动表现或项目方案做出的全程评价。评价人包括专家、教师、学生等。过程性评价是与项目活动同时进行的共时性评价，两者相互交叉与融合。通过评价式反馈，教师能够及时了解学生的学习情况，从而对学生的项目活动或项目方案进行及时指导；学生则能够通过自我评价进行反思，从而对项目成果进行不断完善。

在一年级"绘本创编"的项目式学习中，教师在项目任务布置之初就明确了遵循过程性评价原理的评价量规。又如在纸承重项目活动过程中，教师对学生进行了三次评价，每一项都有清楚具体的要求。

> **案例** 《我的家人》绘本创编评价量规
>
> 北京实验学校（海淀） 秦怡萌
>
> 在一年级的绘本创编项目式活动前设计一个量规表，见表2-2。活动结束后，教师在班里开设了一次"书展"，把所有绘本进行展览，让所有同学自由欣赏。随后，教师让学生把自己的作品读给自己的亲人听，为亲子之间的互动提供了良好条件。最后，教师把优秀的作品上传到学校的微信公众号中，让学生的项目成果被更多人看到。

表2-2　绘本创编评价量规表

创作步骤	评价项目	得分
第一步：构思 说一说要写哪位家人，你想写这位家人的什么特点	我知道了要写的家人，并且能说出他/她的特点	★
第二步：创作文字 准备几页A4白纸，在每一页纸上用一句话写出这位家人的某一个特点 提示：文字的位置在左、右、上、下都可以，要留出图画的位置哦	我的句子很完整，并且写出了家人的三个以上的特点	★★★
	我的句子很完整，并且写出了家人的两个特点	★★
	我的句子很完整，并且写出了家人的一个特点	★
第三步：创作图画 先说一说每一页你想画什么来突出这个特点；然后再动笔画	我能说出每一页我想画的场景，并且这个场景能够体现家人的特点	★
	我在每一页都画出了我想画的场景	★
第四步：创作封面和封底 1）从刚刚的创作中选择一幅最喜欢的家人形象作为封面吧！ 2）封底最好与封面有关联，你也可以选择绘本中具有代表性的内容作为封底。 3）在封面中添加作者、出版社（自己创编一个吧！）等信息。	我选了最喜欢的家人形象做成了封面和封底	★
	我的封面中有作者、出版社等信息	★

通过最后的装订，我的绘本终于完成啦！数一数，我总共获得了_____颗星。

案例　《纸承重》节选

北京市海淀区翠微小学　王也

布置任务：小组合作利用三张A4纸、双面胶、胶条等材料制造一个能够进行承重测试的"桥"。

过程性评价A：观察学生是否能够有依据地提出方案。

学习任务1：小组讨论，确定方案。

学习任务2：小组合作，依据已有方案动手制作，进行承重测试，并改进。

过程性评价B：观察学生是否能够实现方案，完成制作；是否能够及时解决遇到的问题。

学习任务3：进行承重展示，与其他组的作品进行比拼。

最终成果：学生展示自己的作品，并介绍自己的作品，介绍包括以下内容：设计依据、制作方法、技巧与注意事项、活动感受、解决问题情况。

过程性评价C：学生是否能够将自己成功或失败的关键点总结到位。

2. 用总结性评价促进学生反思整个项目活动过程

总结性评价一般是指某一个阶段的教学完成之后，对这一阶段的学习结果进行评定，目的在于评定教学目标的实现程度，检查教学工作的优劣，考核学生的最终成绩，把握教学活动的最终效果，给出教学与学习的最终评价结论。在纸承重项目中，教师除了进行过程性评价外，还在最后设计了总结性评价量规，让学生在活动过程以及活动之后，有目标可循。

仍以纸承重项目活动为例，总结性评价可关注学科知识和技能、交流互动技能、协商合作技能、项目管理、学习成果展示几个方面，遵循整体性原则，见表2-3。在评价标准中分了三类，每一类都有较为详细的说明，遵循了科学性原则。在评价主体上，分为个人自评、小组互评和教师点评，这样评价就更为开放。

案例 《纸承重》节选

北京市海淀区翠微小学　王也

表2-3　总结性评价示例

	需要避免	合格	真的很棒
学科知识和技能	·方案中有常识性的错误 ·作品中有明显的待改进之处	·方案考虑到位 ·作品精致，承重能力强	除了满足"可以提高"的标准外，方案实用性强，有创意！作品承重能力出众
交流互动技能	·不会自主交流设计方案 ·不能通过交流发现问题、解决问题 ·汇报成果不完整 ·汇报时间长，表达不清楚。没有说明方案和作品中的关键点	·能交流设计方案并进行改进 ·能通过交流发现问题、解决问题 ·汇报的文字内容清晰、简洁、无错误 ·小组汇报表达清晰	除了满足基本要求外，还要满足： ·交流心得体会，分享快乐 ·小组汇报较生动
协商合作技能	你的小组： ·没有为所有成员创造分享想法的机会 ·没有公平地分配工作 ·没能充分利用委派任务的机会	你的小组： ·倾听并尊重每个人的观点 ·相对公平地分配工作 ·根据成员各自的强项委派任务	你的小组： ·整个过程中保持富有成效的合作关系 ·在合适的情况下，考虑到每个人的需求 ·团队协作所创造的成果远远超过任何个人所创造的成果
项目管理	你的小组： ·由于精力分散或低效而浪费了宝贵时间 ·在开始时没有花时间去计划方案 ·错失了修订计划的良机	你的小组： ·一直在进行任务或大致上工作有效率 ·在项目开始时制订了计划 ·在截止时间前已经有了可以分享的成果	你的小组： ·掌控整个小组进展 ·每当必要时，进行项目计划的修订 ·预留了一定时间用于修改最终成果

	需要避免	合格	真的很棒
学习成果展示	·有成员在展示过程中没有任务 ·观众看不明白你的学习成果	·展示过程中小组成员分工合作 ·不用解释观众就可以看懂你的学习成果	·展示过程有创意 ·学习成果制作精致

2.5.5 在项目活动中融入学科核心知识

如本章第3节中"项目式学习的概念和意义"中提到的，项目式学习包括：单学科项目、多学科项目（并列）和跨学科项目（融合）三种类型。无论是哪种类型的项目式学习，它的设计出发点不是因为活动有趣而生硬地放到要教授的内容中，而是要从期待学生理解和掌握的核心知识出发，将项目式学习的设计要素融入教学过程发挥学生的主体性作用。同时项目式学习的过程不仅仅要关注学科知识的掌握，更重要的是要让学习者融入有意义的围绕核心知识的项目任务完成过程中，直接经历积极探究与发现的过程，理解核心概念或原理的形成，并自主进行知识的整合与构建，提升自己生成新知识和完成项目任务的能力[1]。这恰好与高阶思维要求的注重学生问题解决能力、学生决策、批判思维和创新思维等能力的培养目标和发展要求相一致。

那么，我们怎样在项目式学习中将学科核心知识恰当地融入，促进学生通过高阶认知带动低阶认知呢？

1. 基于课程标准形成结构性的核心知识网络

项目式学习一般围绕某个主题来展开，设计者需要根据课程标准、教材等材料中对应的学科核心知识来寻找合适的项目主题，从而确定项目式学习的目标、驱动问题以及具有挑战性的任务。

在下面这个案例片段中，教师将合适的知识点汇聚到高中数学课程"概率与统计"部分，确认其知识分布及课本单元内容，然后让学生进入情境中解决实际问题，从而不断发展形成概率与统计部分的核心知识结构网络。

> 🔒 **案例** 《中学数学作业调查统计与分析》节选
>
> 中国农业大学附属中学　张晶
>
> 双减政策下，学生希望通过调查学校非毕业年级的数学作业情况，为学生完成课后作业和数学老师设计同步分层作业提供合理化建议。为了解决这个问题，需要

---

[1] 王瑞霖，张歆祺，刘颖. 搭建课堂与社会的桥梁：社会性数学项目学习研究 [J]. 数学通报，2016（1）：25-32.

用到数学必修课程和选择性必修课程两部分的概率统计单元知识。

在这个项目中，学生经历了系统的数据处理全过程，如初期制定访谈提纲；利用信息技术绘制合适的统计图表（扇形图、柱状图、直方图等），并从中提取需要的数字特征（平均数、中位数、方差等），描述统计结果等，如图2-3所示。

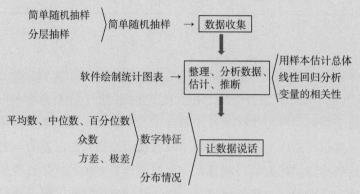

图2-3 "中学数学作业调查统计与分析"项目流程图

在项目的推进过程中，渗透着循序渐进的知识发展线。在实际应用中将概率统计单元的核心知识构建出结构性的核心知识网络，做到发展学生"用数据说话"的理性思维，而非以往教学中只是用现成的数据计算概率或一些统计量。设计完整的概率统计活动，学生能够提升获取有价值信息并进行定量分析的意识和能力，增强基于数据表达现实问题的意识，形成通过数据认识事物的思维品质，积累依托数据探索事物本质、规律等活动经验，从而发展出学生数据分析的素养。

2. 促进学生由低阶认知到高阶认知的发展

马扎诺（Marzano）在布鲁姆（Bloom）的教育目标基础上建立了自己的学习维度框架，将认知策略分为高阶认知和低阶认知[一]。低阶认知包括获取和整合知识、扩展和精炼知识两种。高阶认知是有意义地运用知识的过程，包括问题解决、创见、决策、实验、调研、系统分析六种高阶策略。高阶认知的获得建立在低阶认知的基础之上，在学生解决结构不良的问题过程中获得提升[二]。项目式学习是以推进完成结构不良的项目为明线，渗透着循序渐进的由低阶认知到高阶认知的发展。在项目式学习中，学习者面对非结构化情境，充分调用已有的常识和知识，不断地进行选择、组织和整合，从而找到有效的解决方案。这个过程正是低阶认知到高阶认知的过程。

一 马扎诺，肯德尔. 教育目标的新分类学 [M]. 高凌飚, 吴有昌, 苏峻, 译. 北京: 教育科学出版社, 2015: 1-10.
二 钟志贤. 促进学习者高阶思维发展的教学设计假设 [J]. 电化教育研究, 2004（12）: 21-28.

在接下来的案例中,学生通过应用计算机基础知识(低阶认知)对自己的创意(高阶认知)进行抽象和建模,创作自己的作品。

> **案例**　　　　　　　　《自画像》节选
>
> 北京大学附属中学　毛华均
>
> 在Python程序设计中,海龟画图是一个非常棒的工具,利用它可以很容易地编程画出很多好看好玩的创意作品。这个项目是用Python的turtle模块画出自己的微信头像,并且最后要实际应用自己的头像并相互交流。微信是现代人与他人联系沟通的重要工具。中学生恰好处于特别注重身份认同的阶段,对于自己的头像以及自己的社交非常看重。本项目将信息课程中的编写程序与实现创意融合在一起,通过编写程序绘制自己的微信头像,很好地把学生引入现实情境中,并且是同学们感兴趣的情境,这便是用编程解决生活中的真实问题。
>
> 在本项目中,学生利用计算机科学的概念和方法对问题进行抽象和建模,形成方案,最后通过编程把问题转化为适合计算机表达和处理的形式,通过顺序执行一条一条的命令,来自动绘制数字作品。在活动过程中,学生不仅要学习顺序结构的概念、理解程序执行的过程,还要了解各绘图语句的作用,理解各参数的作用和意义。这些都是传统学习中的基本知识和技能,是知识的理解和整合,属于低阶认知范畴。此外,学生还需要知道自己要画一个怎样的头像以体现自己的特点,怎样利用海龟画图实现这些特点。把艺术创作分解抽象为一系列的画图动作以便利用编程实现,属于高阶认知范畴。具体来说,在项目进行过程中,学生不仅要解决问题,还将经历调研、创见、决策、实验、系统分析等高阶认知。具体见表2-4。
>
> 表2-4　项目流程
>
> | | |
> |---|---|
> | 调研 | 实际使用的头像有哪些是好看的?有什么特点?明确自己的设计方案 |
> | 创见 | 头像想表达哪些特点 |
> | 决策 | 怎样才能用编程实现自己的想法?一条一条的命令要怎样组织?从几种方法中选择哪一种 |
> | 实验 | 对于新的想法和技能不断尝试,挑选出合适的方法或效果,比如线的粗细、颜色的选择和搭配 |
> | 系统分析 | 综合分析自己的技术水平和时间等因素,制作一个合适的程序作品 |

2.5.6　设计项目活动的脚手架

尽管项目式学习以学生为中心,但学生在完成各项任务的过程中仍需要教师们提供"脚手架"。"脚手架"源自基于维果茨基建构主义的"最近发展区"理论,意指教师对儿童学习和问题解决提供支持,并鼓励他们独立成长。显然,项目式学习的目标大都处于"最近发展区"之中，在提出复杂的、具有挑战性的任务的同时，教师应提供足够结实、足够高大的"脚手架"，以保证学生能够完成任务。当然，在小组合作学习的过程中，学生也可以互为同伴的"脚手架"。

> **案例** 　　　　　　　　《探秘南瓜》节选
>
> 　　　　　　　　　北京市六一幼儿院　　薛飞
>
> 　　在《探秘南瓜》项目活动中，教师带领幼儿帮厨房阿姨到菜园里摘南瓜和取出南瓜籽，并提出驱动问题：如何选择南瓜籽较多的南瓜？同时，通过帮助幼儿建立假设和与幼儿积极互动的方式搭建脚手架，从而更好地引导他们围绕假设开展探究。
>
> 　　教师带领幼儿来到菜园里，把幼儿分成4人一组，给每个组分配了自己采摘大南瓜的任务。教师通过两个关键问题将学习继续引向深入："如果不剖开南瓜，是否能够知道哪个南瓜里面住的籽多？""南瓜籽的数量与南瓜表皮的纹理有没有关系？"科学研究的基本方法是提出假设并验证假设的过程，"儿童可以像科学家一样工作"，当学习者认识到他们所参与的活动与某一专业领域的专家的日常活动十分相似时，他们将会学到更为深入的知识。紧接着，教师在一张纸板上用图示标出了两条假设。让幼儿自行挑选南瓜，并鼓励他们用自己的方法仔细地数南瓜纹理和南瓜籽的数量，从而验证假设。第二组的优优小心地把五颗瓜籽放在一堆儿，其他小组成员也按照她的方法堆起瓜籽。第三组的小朋友最大胆，他们你抓一把，我抓一把。兰兰说："我们一把一把地数最快"。教师问："一把瓜籽大概有多少呢？"兰兰松开小手，数了数说："老师我的手里有十颗"。教师看到幼儿用自己的方式解决问题，鼓励大家进行分享，并告诉他们："小朋友们的办法都很棒，我们在数数时可以一个一个地数，也可以五个五个地数，还可以一把一把地数，大家可以尝试用不同的方法数数和计数"。

> **案例** 　　　　社会调查：新中国成立以来的生活巨变
>
> 　　　　　　首都师范大学附属中学　　夏艳芳　　严正达
>
> 　　在不同的项目活动环节中为学生准备文本类的探究工具，有助于帮助学生明确项目任务，厘清项目的实施步骤。在一个关于社会调查的项目活动中，教师为学生准备了各式各样的文本工具，为学生搭建自主探究的脚手架。以下是该项目中涉及的文本模板。

一、调查计划模板

新中国70年的生活巨变

——基于××××方面的调查计划

1. 调查对象

如××同学家长—年龄—工作单位、×××同学家长—年龄—工作单位……（无具体工作单位或已退休可不写单位）

2. 调查内容

根据主题撰写，如了解父母所在单位的社会保障制度及近些年的实施变化……

（社会变化类：以家长从事的事业、单位等70年中发生的变化为主；家庭生活类：以家庭范围内生活条件的亲身感受和实际变化为主）

3. 调查问题

（1）问题结构（绘制问题逻辑结构示意图）。

（2）具体问题

1) ……

2) ……

3) ……

4) ……

5) ……

说明：问题应该是主题的细化和分解，方案及问题的思考，需要组内同学进行充分的交流沟通，并做好分工，确保至少五个问题；要求依据知识结构下的问题结构进行设计，需要体现主题—问题层级结构—探究能力/研究方法。

4. 调查方法

个案分析法、访谈法、问卷调查法等。

5. 调查时间

2021年3月17日—4月16日。

6. 具体分工

根据实际调查设计和小组分工撰写，如

搜集资料——

采访记录——

整理辨析——

撰写报告——

二、选题阶段的类型

类别	具体话题				
社会类	社会保障	教育发展	商品供应	医疗改善	体育设施
家庭类	家庭收入	住房改善	饮食变式	服饰演进	交通方式

三、访谈提纲

访谈目的			
访谈时间		访谈地点	
访谈方式		访谈对象	
组长		组员	
提问提纲	问题1…… 问题2…… 问题3……		

2.6 本章结语

新时代对学生提出了更高的要求，他们需要具备问题解决能力、创造能力、团队协作能力以及批判性思维能力等21世纪人才应具备的能力，以便应对当下及未来的挑战。项目式学习为学生提供了一个在真实情境下运用所学知识解决问题的机会，让学生在项目实施过程中锻炼独立思考、沟通交流、协同合作、管理协调等能力。学习了本章内容，您不仅能够了解项目式学习的含义，也能对项目式学习的理论基础、基本原则和设计策略有深入的了解。相信您学完了本章，会对今后引领学生实施项目式学习有更大的把握，并在教学实践中对项目式学习有更深的体会。

第3章

游戏化学习

【本章导入】

近年来，随着人工智能、大数据、脑科学等技术的发展，人们开始联合多学科的力量共同研究"人是如何学习的"以及"如何促进有效学习"这两个命题。当下，传统而机械的学习方式正在逐渐失去魅力。有调查发现，在各年龄段的青少年中，玩游戏的比例都超过95%，他们在游戏中的投入更是大得惊人。游戏让人无法抗拒，何不借鉴游戏来让学习变得更有趣呢？

法国教育家卢梭认为，寓教于乐才是教育的最高境界。如何让学生的学习变得快乐一些是教师需要思考的问题。在时间和注意力都有限的情况下，教师更应提供具有吸引力的学习方案，因此游戏化学习开始进入人们视野。游戏元素的巧妙设计，任务进阶的持续激励，游戏理念的有效渗透，让学生无形中学到了知识，掌握了技能，塑造了情感态度价值观。将苦学变成了乐学，在玩中学，学中玩。本章，我们将从学习科学的角度，重新审视游戏化学习，希望通过理论探讨和实践案例，给出具体的解决策略。

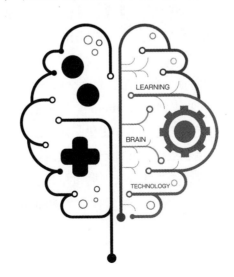

【内容导图】

本章内容导图如图3-1所示。

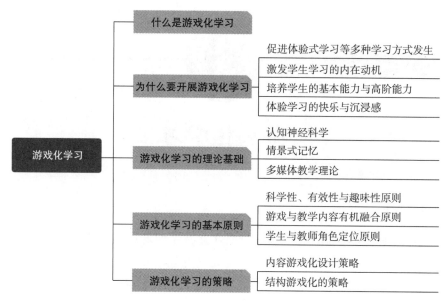

图3-1　第3章内容导图

3.1　什么是游戏化学习

首先来看，什么是游戏？游戏是一个系统，玩家们在其中执着于抽象的任务，任务由规则、互动性和反馈界定，产出量化结果，并经常伴有情绪反应。那么，什么是游戏化？所谓游戏化，就是将游戏或游戏元素、游戏设计和游戏理念应用到一些非游戏的情境中[○]。由上述可知，游戏化学习（Game-based Learning），就是将游戏元素、理念、设计和精髓运用到学习情境中，激发学生的挑战、竞争、合作等内在动机，从而使学生学习更科学、更快乐、更有效的一种学习方式。游戏化学习是教育目的与游戏的交集，包括了对教育游戏的应用。

游戏化学习具有五大核心特征，分别是：目标（Goal）、挑战（Challenge）、规则（Rule）、反馈（Feedback）和吸引力（Inviting）。目标是指通过努力可达成的结果，为游戏活动指明方向；挑战是指随着技能提升而提供一定难度的任务，能够提升自身技能；规则是指为实现目标做出的限制，维持游戏的玩法和权威性；反馈是指对玩家行为的响应和结果；吸引力是指游戏化学习要能激发玩家兴趣和好奇心，让玩家自愿、自由加入。

在游戏化学习实施的过程中，有一个需要教师考虑和处理的核心概念，那便是动力

○ 尚俊杰. 游戏化是什么？[J]. 中国信息技术教育，2015（8）：10-10.

元素。游戏化的动力包括下面五项。约束：限制或者强制的平衡，情感：好奇心、竞争力、挫折、幸福感，叙事：对一致、持续的故事情节的描述，进展：玩家成长和发展的过程，关系：在社会互动中产生的友情、地位、利他情感等。教师在设计游戏化教学过程中，要将游戏化的动力设计到自己的教学过程中。通常情况下，在教学环节，情感是教师最常使用的动力元素，约束、叙事、进展、关系则比较常见。

游戏化机制是推动游戏进程和学生参与的基本元素，游戏化机制和一个或多个动力元素对应实现，游戏中一个随机的事件，可能会激起参与者的好奇心和兴趣。目前，已有十余种明确的游戏化机制，例如挑战、机会、竞争、合作、反馈、奖励等。这些游戏化机制为教师设计游戏化学习提供了参考和借鉴，后续会进行详细的介绍和说明。

游戏化组件是动力和机制的具体形式，每一个组件就是一个具体的游戏元素，是我们进行游戏化设计的工具。根据教学目标、教学内容和学生特征以及教学环境等因素，教师综合使用游戏化工具，将一个教学活动变成游戏。常见的游戏化组件有：点数、徽章、排行榜、等级、成就等。

北京大学尚俊杰教授认为，游戏的三层核心教育价值依次为：游戏动机、游戏思维和游戏精神[1]。游戏动机是最基础、最具操作性的价值，强调利用游戏来激发学生的学习动机；游戏思维表示脱离并超越游戏的形式，强调将学习活动设计成游戏；游戏精神则是最有意义的价值，强调学生以对待游戏的精神和态度来对待学习的过程和结果。三者的核心是深层的内在动机，让学生更多地依靠内在的动机而不是外在的压力去学习，并促进他们进行深层次的有效学习。

需要注意的是，游戏化学习不是肤浅地将积分、奖励和徽章加入学习中，也不是把学习游戏简单地看成孩子们的娱乐游戏。游戏化学习是在学习过程中，在复杂主题的讲解和系统思维方面起到加速作用的高效学习方法。

3.2 为什么要开展游戏化学习

游戏与教育的联系一直很密切。在古希腊语中，"游戏（Paidia）"与"教育（Paideia）"只有一个字母之差。很多学者早就注意到了游戏的教育价值。亚里士多德认为，游戏是七岁半以前儿童教育的一种方式。夸美纽斯（Comenius）指出，游戏可以使儿童锻炼身心[2]。瑞士心理学家让·皮亚杰（Jean Piaget）认为，游戏具有发展智力的功能，儿童在游戏中可以通过同化和顺应过程来与外界达到情感和智慧的平衡。游戏中蕴含的学习性因素，如果应用到教育中，可以为学生创造富有吸引力的学习环境，使学

---

[1] 尚俊杰，裴蕾丝.重塑学习方式：游戏的核心教育价值及应用前景 [J].中国电化教育，2015（05）：41-49.
[2] 恽如伟，李艺.面向实用的电子教育游戏界定及特征研究 [J].远程教育杂志，2008（05）：75-78.

习成为一件趣味横生的事情。

学生在游戏化学习的过程中，会体验多种学习方式，如体验式学习、探究学习、协作学习、研究性学习等；锻炼多种能力，如手眼互动等基本能力、协作能力、创造力等高阶能力。最终学生的内生动机被唤醒，多种能力被提升，收获快乐与沉浸感。

3.2.1 促进体验式学习等多种学习方式发生

许多学者认为，游戏可以促进体验式学习、协作学习、自主学习和研究性学习等多种学习方式[1]。体验式学习可以追溯到美国教育家杜威（Dewey）的"做中学（Learning by Doing）"理论。杜威认为，知识来自实践经验。体验式学习与建构主义学习理论、情境学习理论都有着重要关系。情境学习理论认为，最好的学习方式就是学习者在真实的情境中，在不断的参与和实践中，逐渐从新手转换为专家的过程。游戏可以利用计算机技术创设很多真实情境，甚至替代很多危险场景，使学习环境更加丰富而有趣，让学习者更积极地投身其中。学习者在游戏过程中，不仅要互动与交流、展开协作学习，而且要运用经验和尝试发现、总结规则，发现问题、分析问题、解决问题，就促进了研究性学习[2]。

3.2.2 激发学生学习的内在动机

动机是游戏中的关键概念，分为内生动机和外驱动机。当学生因自身原因、享受快乐、获得学习机会或体验成就感而学习时，内生动机就会起作用。例如，有的学生是为自己的崇高理想而不是为外界的奖励而发奋读书，这就是内生动机的表现。当学生寻求获得与行为不直接相关的东西，如获得高分、得到老师或家长的表扬、获得证书等，这时的动机不是由内而外的，而是外驱动机。

托马斯·马龙（Thomas Malone）和马克·莱佩尔（Mark Lepel）都围绕"内生动机"展开研究。马龙发现了游戏能够激励人心的奥秘，即挑战、幻想和好奇。莱佩尔举出了四条原则：控制、挑战、好奇和情境化。后来，他们把各自的发现结合在一起，形成了"内生动机的分类"，包含自身和人际的动机元素，如挑战、好奇、控制、幻想、合作、竞争和认同。游戏化学习通过让学生完成一定挑战任务，激发学生的好奇心，增强控制力，通过学生合作与竞争，获得肯定与认可。研究表明，基于游戏的学习方法比传统的学习方法更能调动学习者的积极性，也更容易激发学生的内在动机[3]。

3.2.3 培养学生的基本能力与高阶能力

在游戏过程中，学生需要不停地移动和躲避，从而培养了手眼互动能力；学生需

---

[1] 孙茈文，邓鹏，祝智庭.基于娱教技术的体验学习环境构建 [J].中国电化教育，2005（7）：24-27.
[2] 尚俊杰，庄绍勇.游戏的教育应用价值研究 [J].远程教育杂志，2009，17（1）：63-68.
[3] 尚俊杰，庄绍勇，李芳乐，等.教育游戏的动机、成效及若干问题之探讨 [J].电化教育研究，2008（6）：64-68；75.

要自己去探索、总结游戏的规则，能培养归纳总结能力；学生经常要处理同时来自各方的资讯，培养平行处理能力；很多游戏提供二维或三维空间，培养学生的空间想象能力。

更为重要的是，游戏还能够培养学生的高阶能力，包括协作能力、探究能力、决策能力、分析综合能力、问题解决能力等。研究发现，使用优秀的冒险游戏有助于提高解决问题的能力。学生在完成游戏的挑战过程中，需要综合分析各方资讯，运用逻辑性思维，千方百计地解决。再比如，网络游戏教学策略可以提升小学生的科技创造能力。同时，游戏互动的过程，也是社会交往过程，可以锻炼与人协作的能力。

3.2.4 体验学习的快乐与沉浸感

自我决定理论解释了人们从事某种工作或参与某种活动的动机。这一理论的重要元素是自主感、胜任感和关联情绪的能力。游戏中的自主感和胜任感与游戏的控制感、沉浸感密切相关，游戏设置了具有挑战性的任务，学生目标清晰、专注于任务。伴随着及时的反馈，学生能够全神贯注于正在做的事，愿意绞尽脑汁并锲而不舍地投入，甚至可以达到"废寝忘食"的境界。在游戏中，人脑的纹状体会释放内源性多巴胺，而多巴胺能带来快乐，这也是为什么游戏化学习可以唤醒学生学习的快乐感与参与度的原因。

除此以外，支架式教学与游戏的结合可谓珠联璧合。支架式教学是构造于"最近发展区"见解之上的一个概念。维果茨基说："最近发展区是指由独立解决问题来界定的实际发展区与由成人指导的或与能干的同伴合作解决问题来界定的潜能发展区之间的距离。"为了学生能够独立解决问题，支架式教学应运而生。老师在游戏设计中设置关卡，学生在闯关的过程中，依赖前面关卡中学到的技能和行为，不断解决问题。因此，支架式教学能令学生兴致盎然地穿越层层关卡奔向最终目标，在过程中感受到学习的快乐与沉浸感。

3.3 游戏化学习的理论基础

3.3.1 认知神经科学

有关教育游戏功能的实证研究源于多学科研究领域，如心理学、社会学等，其中认知神经科学是一个重要的研究领域。作为神经科学和认知心理学的交叉学科，认知神经科学是学习科学研究的重要领域。它促进了人类对脑学习机制的探索研究，为游戏化学习的研究与设计提供了重要支持。教育范畴内的注意力、工作记忆、社会认知、焦虑、动机和奖励等问题，也可以通过认知神经科学的方法进行研究。

1. 促进认知能力的发展

基于脑的可塑性，认知神经领域的科学家发现脑在特定时期的发展极易受经验的影响。在此期间，应给予学习者适当的学习体验以促进认知能力的发展。认知功能不仅包括感知觉、学习与记忆、意识等功能，还包括社会行为、决策、推理等方面。游戏对于促进认知能力发展的功能被基于脑科学方法的一系列研究证实。

游戏可以改善工作记忆。有研究证明，采用自适应性软件进行训练，可以引发前额叶和顶叶皮层激活程度的提高，这都与工作记忆容量呈正相关。玩游戏也可以促进注意力的发展。运用脑成像方法的研究通过比较游戏玩家和非游戏玩家的脑的注意神经网络利用，以及干扰信息的处理过程，解释了动作游戏促进视觉选择注意的神经机制。游戏还能促进视觉能力的发展，以及视觉短期记忆、多任务处理、执行能力等认知能力的发展。⊖

2. 激发积极情绪的产生

认知神经科学与教育领域的研究者达成的共识在于，学习是认知、情绪与生理层面进行多层次交流的过程。情绪是影响学习结果的重要因素，积极的情绪有助于学习，而负面情绪会导致学习的失败。当大脑感受到额外的奖励时，中脑的多巴胺神经元会被激活并释放出多巴胺，这对大脑前额叶等脑区神经元的活性有重要影响⊖。利用游戏化学习，教师可以为学生提供一个轻松、积极的学习环境，进而克服消极情绪对学习的干扰。

3.3.2 情景式记忆

根据情景式记忆来看，借助游戏产生情景式记忆的概率非常高。在游戏中，学生可以快速回忆某个具体情形下的相关信息，以及游戏元素、游戏背景、解决问题的方法等。如果游戏中的经历与生活实际应用相符，学生的记忆就会非常深刻且与具体地点的所作所为恰当关联，从而增强学生学以致用的能力。

3.3.3 多媒体教学理论

多媒体教学是指用语词和画面共同呈现信息，以促进学习者的学习。语词可以是印刷的文本，也可以是口头的言语；画面可以是静态的，如照片、图画、插图、地图等，也可以是动态的，如录像或动画等。梅耶认为多媒体学习是一种知识建构，而这种知识

⊖ 尚俊杰，张露. 基于认知神经科学的游戏化学习研究综述 [J]. 电化教育研究，2017, 38（2）：104-111.
⊖ 刘潞潞，卢家楣，和美，等. 先苦后乐：英语乐学大学生在英语学习时情绪反应的脑认知特点 [J]. 心理学报，2017, 49（11）：1414.

建构观主要基于以下三条原则：一是双重通道原则，即人类有两个信息加工通道，一个负责视觉信息加工，另一个负责听觉信息加工；二是容量有限原则，即每一个信息加工通道一次同时加工的信息量是非常有限的；三是主动加工原则，即学习者必须主动去选择、组织与整合信息[1]。

在游戏化教学过程中，可以融入多媒体教学理论，使学习者掌握三种认知加工：外在认知加工、必要认知加工和生成认知加工。尽量减少外在认知加工，善用必要认知加工，促进生成认知加工。基于多媒体学习认知理论，游戏化学习可以充分利用学习者的认知容量，帮助学习者积极进行认知加工——主动选择信息、组织信息和整合信息，最终实现意义学习。

3.4 游戏化学习的基本原则

基于学习科学的视角，我们对游戏化学习进行认真解读，可以看到，在实施游戏化学习的过程中需要考虑这样几个原则。

3.4.1 科学性、有效性与趣味性原则

游戏化学习既有教育性，又有娱乐性，但归其根本还是教育性，娱乐以服务教育为核心宗旨。教育游戏在认知上的科学性直接决定了它的使用价值。在科学性的设计方面，应坚持"立足跨学科视角的认知支持"原则，依据学科科学领域的研究成果进行认知内容的设计。在科学性的基础上，要着眼于实际问题的解决，坚持"着眼教学实践的设计驱动"原则，以实践需求作为设计导向。在科学性与有效性基础上，借助游戏元素，充分调动学习者的情绪，运用"借助情绪调动的动机发展"原则进行趣味性设计[2]。

3.4.2 游戏与教学内容有机融合原则

游戏化学习并不是单纯地为了游戏化而设置游戏环节，倘若与教学内容脱节，就会导致课堂失控、混乱，整个课堂虽然成了孩子们娱乐的天堂，但会造成课堂学习的低效。也就是说，游戏化学习的娱乐性没有为教育性服务。长此以往，学生也会产生厌烦情绪，丧失学习兴趣。因此，应首先明确教学内容与要达成的教学目标，然后将游戏元素、机制与之有机融合。学生在游戏提供的目标难度和广度不断增加的挑战下，进行具

---

[1] 王建中，曾娜，郑旭东.理查德·梅耶多媒体学习的理论基础 [J].现代远程教育研究，2013（2）：15-24.
[2] 张露，胡若楠，曾嘉灵，等.如何设计科学、有效、有趣的教育游戏：学习科学跨学科视角下的数学游戏设计研究 [J].电化教育研究，2021，42（10）：70-76.

有目标指向性的知识学习和应用[1]。只有教学游戏的设计满足教学要求，并物尽其用，教学游戏才能大显身手，真正提高学习效率。

3.4.3 学生与教师角色定位原则

在游戏化学习中，学生是游戏的主体。认知能力较强的学生能够在游戏化学习中获得优良的认知体验，而认知能力有限的学生在知识探究、学习迁移等方面都存在着一定的障碍，需要教师辅助。

教师的作用也至关重要。教师是促进教育改革与学生学业改进的重要角色，教师在教学过程和教育技术应用等各个方面起着至关重要的作用，因此从教师角度出发的策略也有现实和理论的双重意义。教师要以学生为中心进行规划、设计，并管理、监控整个游戏进程。选择适当的时机组织讨论，确保学生在游戏中有反思行为发生。在游戏结束时，教师要帮助学生整理学习成果，进行梳理和总结，为学生分享游戏经验提供机会[2]。

除此以外，游戏的选择还需要注意教学条件的适用性、教育性和游戏性的平衡、操作的简洁性等。

3.5 游戏化学习的策略

游戏化教学设计一般包括分析教学背景、撰写教学目标、设计教学流程和进行活动测试评估四个环节。在设计教学活动时，可以采用内容游戏化设计或结构游戏化设计两种方式。内容游戏化设计是针对内容进行的游戏化设计，如把跑步与游戏进行结合，让游戏者置身于僵尸围城之中，通过音效等手段营造有僵尸在后面追赶的情境，游戏者为了躲避追赶，就需要不停地跑；再比如，将传统的改错题任务以"错题打怪升级战"的游戏活动来进行。这种把教学内容套用某种成熟游戏形式的做法，就叫作内容游戏化设计。结构游戏化设计是对教学进程进行的游戏化设计。再以跑步为例，可以设计一个环游世界的游戏场景，我们从起点出发，游戏场景中的人物角色也同步出发，每前进一段距离，就到达一个城市，在路程引导下，跑遍所有城市，最后达到环游世界的目标。这种不调整学习内容本身，只运用游戏元素、机制来对教学进程进行设计的做法，就是结构游戏化设计[3]。

下面，我们以具体的案例详细阐述如何在课堂中设计游戏化学习。教师们在开展游戏化学习时可以参考这几种策略。

---

[1] 尚俊杰，曲茜美. 游戏化教学法 [M]. 北京：高等教育出版社，2019：15-30.
[2] 张金磊，张宝辉. 游戏化学习理念在翻转课堂教学中的应用研究 [J]. 远程教育杂志，2013（1）：73-78.
[3] 尚俊杰，曲茜美. 游戏化教学法 [M]. 北京：高等教育出版社，2019：15-30.

3.5.1 内容游戏化设计策略

1. 运用替换法

替换法就是使用现有的游戏形式，替换游戏内容为教学内容，也就是根据知识类型匹配相宜的游戏。例如，陈述性知识，成语、俗语等的内容主要靠记忆，可以将故事、描述、分类、匹配、反复游戏等游戏化元素融入卡牌游戏、智力竞赛、猜字游戏、连线游戏等活动设计中；概念性知识，可以将匹配、分类、感受概念的游戏化元素融入匹配类卡片、分类游戏中。规则性知识，可以将体验结果的游戏化元素，融入桌面游戏、仿真类游戏、模拟类游戏中，如棋类游戏、跳房子、模拟听证会等活动；流程性知识，可以将指令、步骤、顺序等游戏化元素融入仿真类游戏、软件模拟类游戏中。

2. 运用移植法

移植法就是将在其他领域或应用场景的游戏，有选择性地引入课堂。例如，在数学课上，可以用24点游戏锻炼四则运算能力，用数独游戏练习逻辑推理，用七巧板来认识图形；在语文课上，可以用飞花令进行成语接龙，用"一个比划一个猜"进行看动作猜词，用"真心话大冒险"的形式练习口头作文；在英语课上，可以运用戏剧表演进行情境模拟；在化学课上，可以用"谁是卧底"，推断化学元素的运用；在物理课上，可以用"拆拳头游戏""巧叠木块""弹指神功""空杯运球"等游戏引导学生理解原理的运用等。

3. 运用植入法

植入法就是为教学活动融入游戏元素、游戏机制，让活动具有游戏的特征。可以为活动赋予游戏化的名称，如将传统的改错题任务以"错题打怪升级战"游戏来进行；可以为活动添加限制条件，如"脑力挑战"，限时一分钟完成五道题目；可以为活动添加随机条件，如随机抽取练习题来做等。

案例　　　　　《分数的大小》节选

北京市海淀区花园村第二小学　刘艳星

本课例选自北师大版数学五年级上册教材五单元中的《分数的大小》一课。从整数到分数是数系的一次重要扩充，是数的认识的一次质的飞跃。分数没有延续自然数和小数的十进位值制计数系统，如图3-2所示。对于分数的理解，学生需要一个过程。分数不同于整数和小数的学习，整数和小数都是十进制，比

图3-2　分数的大小课例

较大小都是按照从高位到低位开始比较，而分数单位是非十进制（除十进制分数外），尤其是异分母分数大小的比较对学生来说有一定难度，而且学生在分数比较大小时通常利用通分，很少根据分数本身的特点灵活地选取恰当的方法进行比较，这也是本课的学习难点。

在拓展提高环节，利用希沃白板课堂活动功能中的趣味分类、分组竞争、超级分类、判断对错等竞争小游戏，帮助学生掌握多种分数比较大小的方法，尤其是特殊数相比较，如对0、1/2、1进行比较，使学生在比较分数大小时方法更加多样化，如图3-3所示。

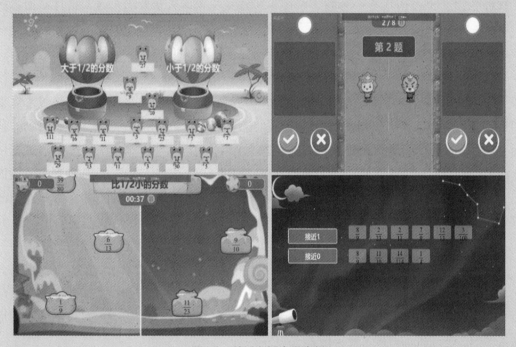

图3-3　希沃白板应用案例

策略小结：

（1）应用植入游戏法，有效地提升了学生的知识建构能力，增强了学生的探索意识。

（2）提高了学生的课堂参与性与互动性。课堂游戏的植入，激发了学生参与的热情。

（3）打破了教师和学生对原有教材内容的依赖，拓宽了学生的知识面。

3.5.2 结构游戏化的策略

1. 植入故事线，设置真实情境

将教学过程以一条故事线的形式串联起来，营造一个"真实"的情境是结构化游戏设计最为常见的方法。历史教师可以设置一个"时空穿梭"的情境，带领学生穿越各个朝代；语文教师可以创设闯关游戏，让学生过关斩将，赢得森林王国运动会的参赛资格。教师通过植入故事线的形式，为学生设置真实的游戏情境，不仅能激发学生的学习动机，更能加深学生对于所学知识的理解和记忆。

> **案例　植入故事线，创设游戏环境的教学1**
>
> 北京市海淀区中关村第一小学　孟学文
>
> 《隧道》这个绘本把"亲情"这一重大主题深藏在一个引人入胜的故事里。非常适合三、四年级的小学生阅读。我们可以以此绘本的阅读为契机，引导学生去理解"亲情"这一主题。但由于学生年龄小，所以学生在自主阅读时感受兄妹成长，理解"隧道"的含义有一定难度。因此，可以植入故事线，通过游戏闯关引导学生聚焦细节想象、抓住冲突、领悟亲情，如图3-4所示。
>
>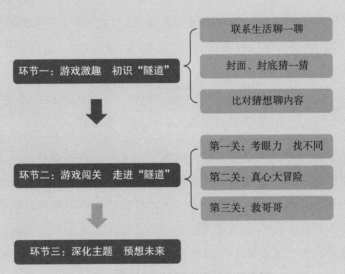
>
> 图3-4　游戏化教学的故事线设计案例
>
> 该设计在完成游戏的过程中，要达成"救哥哥"的目标。这三关游戏体现了学生思维层面由认知兄妹的矛盾冲突，体会不同；结合情境展开想象，走入兄妹的内心；关联图文分析，形成深度理解的进阶，到逐步增加挑战的阅读游戏使学生逐渐突破教学难点，从而达成教学目标，如图3-5所示。

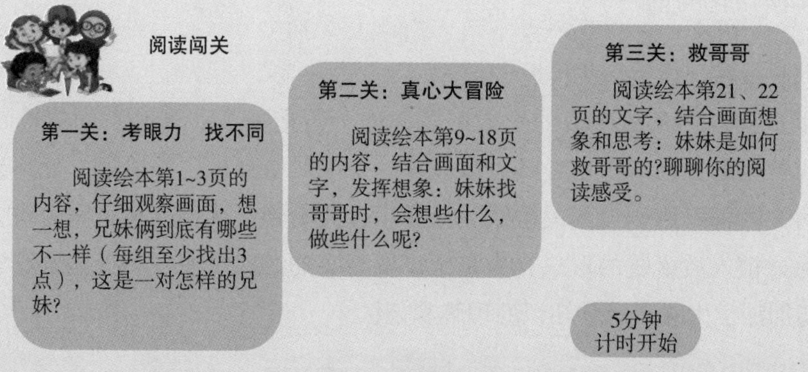

阅读闯关

第一关：考眼力 找不同
阅读绘本第1~3页的内容，仔细观察画面，想一想，兄妹俩到底有哪些不一样（每组至少找出3点），这是一对怎样的兄妹？

第二关：真心大冒险
阅读绘本第9~18页的内容，结合画面和文字，发挥想象：妹妹找哥哥时，会想些什么，做些什么呢？

第三关：救哥哥
阅读绘本第21、22页的文字，结合画面想象和思考：妹妹是如何救哥哥的?聊聊你的阅读感受。

5分钟 计时开始

图3-5 关卡设计

策略小结：

教师在教学设计中基于该阶段学生的特点，植入故事线，通过游戏闯关设置由易到难的任务，激发学生的学习动机，通过完成游戏化的闯关任务去解决问题，更能够体现学生思维的进阶发展。学生在积极的阅读中，实现了阅读思维由认知识别到借助情境想象，再到关联重构的进阶。学生伴随故事情节的发展，步步深入，从而对主题的理解水到渠成。

本节课的特色在于创建人物角色、设置真实情境，让学生在完成游戏闯关任务的过程中感受亲情、体会情感、解决问题。

案例 植入故事线，创设游戏环境的教学2

北京实验学校（海淀） 秦怡萌

《比尾巴》是一年级上册语文第六单元"想象"这一主题中的一首小诗歌。诗歌通过两组问答形式，分别介绍了三种动物尾巴的不同特点。儿歌共四节，第一、三节各有三个问句，引起学生思考，第二、四节回答了前一节的问题。全文句式整齐，富有节奏和韵律，读起来朗朗上口，简明易懂，充满了儿童情趣，非常受学生喜欢。这节课的内容一般是在一年级学生入学后第三个月时讲授，这时课堂常规刚刚形成，学生的注意力、表达能力、书写能力、朗读能力都比较弱，所以利用游戏化学习的形式可以增加趣味性，让学生在玩中学。

教师将整节课都置于"森林王国的比尾巴大赛"的情境中。上课伊始，教师顺着情境，激发学生兴趣：要想去看比尾巴大赛，必须层层闯关赢得大赛门票，赢得门票后才能获得观看比赛的资格。课文的问答语句是这篇课文的学习重点，通过招募"小记者"学习问句的读法，再招募"裁判员"学习答句，并对比问句和答句的不同,让学生在角色扮演中认识"句子"的概念,体会"问句"的读法,对比与平时说的陈述句的区别。观看完比赛之后,再在朗读和背诵中为获奖选手颁奖,检验学习效果。最后小组合作办比赛,训练和巩固一问一答的表达。从以上教学环节可以看出,游戏情境始终贯穿于整个教学过程,并且将所有的教学任务整合在情境中。从课堂实效来看,学生的投入度比较持续,积极性很强,真实的情境、真实的任务确实激发了学习动机。

在小学低年级学段教学中,要激发学生的内部动机,使学生了解学习的意义,就要与生活紧密联系,促使学生自发探索。这就给教师带来启发:要去设计真实的学习情境,创设与学生所学习的内容相适切的、包含问题的生活事件。这个学习情境越真实越好,教师可以将学习活动锚定在真实的知识生成和应用的情境中,促进学生在情境中、在实践中建构知识的意义,形成有用的知识。应该说,学习的知识、思考和情境是紧密联系的。可以说,游戏化教学的情境其实是整个学习任务或者任务群的载体,情境越真实、越整合,学生越有兴趣,知识的意义越清晰。因此,在进行游戏化教学时,教师要依据学习任务、学生的特征,科学、合理地设置游戏情境。

案例 | 幼儿园游戏情境设计

北京明天幼稚集团六幼小灵通园 刘雪婷 王曼

为了让同伴更加直观地理解星球运转的轨迹到底是怎样的,幼儿自发使用篮球制作成不同的星球,用粉笔在地面上描绘出运转的轨道,以此自发创设星球运转轨迹的游戏情境。为了解决星球碰撞的问题,幼儿结合自己对星球运转掌握的已有经验,设计、规划星球各自运转的轨道,在游戏中不断尝试。幼儿将自己代入星球的角色中,结合身体多种感官的体验,运用自己的身体呈现各个星球运转的特点,如图3-6所示。

图3-6 游戏情境设计案例

> 策略1：在游戏中不断进行复述。每一次复述都在不断刺激幼儿，逐渐累积，加深对聆听者的认知。
> 策略2：鼓励幼儿亲自动手制作游戏材料，设计游戏场地，使幼儿在游戏中更加专注、投入。
> 策略3：身体表演与语言讲述并用，使大脑能够更加高效地工作，思考能力和问题解决能力得到提升。
> 策略小结：
> 1）结合幼儿的学习特点，多元化地设计学习情景。
> 2）开展个人、小组、集体不同形式的情景互动学习。
> 3）创设贴近幼儿生活的学习情境，不断积累新的知识经验。
> 4）打破传统评价方式，转变教师角色，注重过程性的评价。

2. 设置关卡，实现能力进阶

设置关卡是把游戏化思维与任务激励有效融合，应用到教学设计中，达到寓教于乐效果的一种做法，需要具备挑战性、能量补给、任务进度和团队合作四个特征：①挑战性是指任务要难易适中，像"跳起来摘桃子一样"，有难度但能通过努力和不断尝试完成任务，体验成就感和乐趣；②能量补给是指通过激励制度持续补充能量，保持学习热情；③任务进度是指把任务划分成小阶段，每完成一阶段给予反馈和激励，充分体验成就感和掌控力；④团队合作是指参与者在团队任务中发挥各自的特长，在团队协作中获得认可和进步。[1]

近年来，培养学生解决问题的能力、协作学习的能力、反思能力、创新能力等高阶能力显得越来越重要。游戏的一个重要价值，就是很多学者都认为它有助于培养游戏者的各种高阶能力。例如，因为游戏充满了挑战，不论是练功、打怪还是寻宝，都需要游戏者有综合各种资讯，千方百计地解决问题的能力。因此，许多专家认为游戏可以提高游戏者的逻辑性思维和解决问题的能力。[2]在游戏化教学中通过设置关卡，可以帮助学生实现能力的进阶。

---

[1] 杨巧梅. 基于"游戏化"思维的任务激励型教学改革探究 [J]. 电脑与信息技术，2021, 29（5）：85-87.
[2] 尚俊杰，庄绍勇. 游戏的教育应用价值研究 [J]. 远程教育杂志，2009, 17（1）：63-68.

> **案例**　　　　　　　　　古诗通关复习
>
> 北京市海淀区万泉小学　曾萍

小学语文部编版教材中共收录112首古诗词,除了《语文课程标准》推荐的75首外,教材还选择了37首古诗词。这些古诗词丰富而经典,覆盖了古诗词中的各种主题,根据诗歌的内容和表达的情感有不同的类别,如送别诗、边塞诗等。难度上符合小学阶段的学习水平。本案例选择古诗词中的一个主题:描写儿童生活的主题。本案例聚焦描写儿童生活主题的诗歌,通过游戏形式帮助四年级学生复习十首古诗。我们希望:①通过闯关游戏,搜寻、识记和理解小学阶段有关反映儿童生活的古诗词;②通过合作学习,对反映儿童生活题材的古诗词进行梳理分析,初步了解古代儿童的生活;③通过辩论会,对前期游戏探究活动中的所得,进行迁移运用,如图3-7所示。

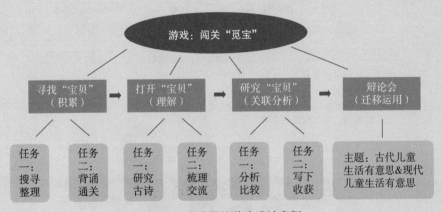

图3-7　古诗通关游戏设计案例

教师设计四个游戏关卡,在不断通关过程中达到能力的进阶,如图3-8所示。

关卡一,初级学习阶段:寻找"宝贝",整理积累。学生分小组搜集小学阶段课内外学过的描写古代儿童生活的诗词,找到十首,并背诵出来即可过关。

关卡二,中级学习阶段1:打开"宝贝",研究梳理。学生研读搜集到的反映古代儿童生活的诗词,从中梳理古代儿童玩些什么?做些什么?用思维导图进行整理,整理出来后进行交流。

关卡三,中级学习阶段2:研究"宝贝",关联分析。每个小组根据思维导图,对古代儿童的生活、游戏进行分析研究,从中发现古代儿童生活的乐趣,写成文章谈收获。至此,中级学习通关成功,颁发奖状。

关卡一：寻找"宝贝"。

游戏规则：要求学生分小组搜集小学阶段课内外学过的描写古代儿童生活的诗词，找到十首，并背诵出来即可过关。

关卡二：打开"宝贝"。

游戏规则：要求将搜集到的反映古代儿童生活的诗词，反复品读，梳理古代儿童玩些什么？做些什么？用思维导图进行整理，之后进行交流方可进入下一关。

关卡三：研究"宝贝"。

游戏规则：每个小组根据思维导图，对古代儿童的生活、游戏进行分析研究，从中发现古代儿童生活的乐趣，将收获写成文章。

关卡四：召开小型辩论会。

游戏规则：①开篇立论，由双方一辩发言，陈述观点。②攻辩环节，从双方的二辩开始，双方交替进行。③自由辩论环节，双方辩手轮流发言。④结辩环节，双方四辩进行总结陈词。⑤评选出最佳辩手。

图3-8 游戏通关卡

关卡四，高级学习阶段：召开小型辩论会，迁移运用。辩论主题是"古代儿童的生活有意思或现代儿童的生活有意思"。在这一游戏情境中，采用多种方式建

> 立起古代和现代、诗内和诗外、"儿童"和学生之间有效衔接的"桥梁",学生在游戏中遇见古代儿童的生活。在不断通关的游戏中,对古诗词的学习有了理解性的参与,学习过程则不仅是记住了一些信息,而且是对知识进行了重构。在辩论过程中,提升了学生的思辨能力。

游戏化学习不同于纯粹的游戏,它有着鲜明的知识意蕴。游戏化的设计与学科知识必须紧密联系。因而,游戏化学习是体验与理解的交融。体验是指学生全神贯注于活动、沉浸于活动,在完成游戏通关的过程中实现能力的进阶。理解是指学生在活动中领会游戏背后的知识、旨趣和意蕴。在游戏化学习中,要重视学生在体验与理解基础上增强解决实际问题的能力。

3. 设置奖励机制

马斯洛曾提出人类需要动机层次理论,金字塔结构从下到上依次为生理需要、安全需要、归属和爱的需要、自尊需要、自我实现的需要。游戏化教学恰恰可以通过一定的奖励机制来满足学生的"自我实现"的需要。

游戏化教学奖励机制可以是积分、徽章、排行榜、小组PK等。根据奖励发挥的作用,可以将奖励分为内部奖励和外部奖励。外部奖励还可按其形式分为物质奖励和精神奖励。[1]奖励是否有效的关键,在于其奖励是否合乎人们现实的需要。实施物质奖励能够满足学生最基础的需要,这对调动学生的积极性有着重要意义。物质奖励一般是指通过各种物质手段对学生的行为给予肯定性的评价,包括积分卡、小红花、小礼物等。精神奖励包括对孩子成长表示鼓励、肯定、满意、赞叹、尊重、佩服和欣赏等;情感奖励也属于精神奖励的一种,包括微笑、拥抱、拍肩、关注、鼓掌、眨眼等。[2]

以教学中使用的积分为例,积分是点数的呈现形式,点数作为国际游戏化供应商中最常使用的三大工具之一(点数、徽章、排行榜)在鼓励竞争、持续反馈、给学生掌控感和成就感等方面具有非常重要的作用。积分也属于精神奖励的一种,但同时也可以将学生在学习活动中的表现和实际的奖励相联系。物质奖励中包含的精神奖励,离不开物质性基础。[3]但教师在应用奖励机制时要注意以下几个方面:符合学生的需求;全面关注,对优秀学生和基础弱的同学都要给予关注;物质奖励与精神奖励相结合,物质奖励要有意义。

---

[1] 宋莉莉. 奖励形式和信息情绪效价对大学生好奇情绪的影响研究 [D]. 上海:上海师范大学,2020.
[2] 黄晨. 奖励机制在少儿体育舞蹈教学中的应用研究 [D]. 武汉:华中师范大学,2015.
[3] 汪辉勇. 论物质奖励与精神奖励的辩证关系 [J]. 湘潭大学学报(社会科学版),1994(S1):59-62.

案例 9　利用积分展开小组合作复习

中央民族大学附属中学　崔阳

《物质的量》是高中一年级的学习内容，涉及的概念比较抽象，学生不易理解，并且需要运用数学计算，更增加了难度。本节内容的特点是：①计算不难，但容易算错；②重点考查的不是计算，而是背后的逻辑关系。在教学中除了列举实际例子帮助学生理解概念之外，还要注意建立概念之间的内在联系。

教师将游戏元素——积分引入课堂教学，把学习活动设计成一个游戏，充分利用游戏的优势，帮助学生构建以物质的量（n）为"桥梁"的数学关系，并学会如何运用数学关系分析解题。在游戏环节中，学生不仅可以构建模型，还可以充分从出题角度逆向思考学习内容，在竞争中得到刺激和反馈，自主性可以得到充分发挥。

游戏方案：

（1）每个小组合作设计题目，以抽签的方式选取1个小组到前面讲解，设计基本正确的，得1分（不能在数值上为难其他小组，否则现场更改题目）。

（2）题目讲解完毕，现场对此题无疑问后，由设计问题的小组抽取回答问题的小组。回答正确得1分（限时1分钟，可以有一次组内求助）。

在游戏过程中，及时给予学生积分奖励。因为组间竞争的存在，小组内部会有更多的集体荣誉感，学生会为了共同的目标，积极地思考问题、参与活动，充分调动学习热情，在竞争和合作中实现有效学习。本节内容共6课时，即各小组同学通过6次游戏比拼，从设计单个公式的习题，到设计"跨桥（n）式"习题，充分理解各个概念及其之间的联系，最后根据积分情况，为小组同学颁发奖励，如图3-9所示。

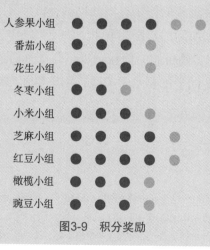

图3-9　积分奖励

> 学生以小组为单位不断获得积分，也将更强烈的互动性带入学习当中，积分能够告诉学生，自己在学习活动中完成的有多好，彰显了自己的学习成就，极大地激发了学生学习的积极性。

游戏可以分为操练性游戏、激趣性游戏、合作性游戏、拓展性游戏、综合性游戏，在游戏中运用奖励机制，可以满足学生不同层次的需要。点数/积分、徽章、排行榜是最常用的激励手段，教师要善于用这些手段帮助学生不断向难度更高的任务挑战、开拓潜能、满足自我实现的需要。

4. 设计学习进度可视化

维果茨基指出游戏的中介作用能促成儿童心理机能从低向高发展。例如，象征性游戏让儿童实现了思维符号化和抽象化的过程。而且，因为儿童在游戏中的行为往往要略高于他的日常行为水平，这两者的差距形成了儿童的"最近发展区"，推动了儿童不断复杂的"内化"发展过程[1]。

布莱恩·萨顿-史密斯（Brian Sutton-Smith）从行为、儿童发展和文化的不同视角对游戏进行了全面的研究，提出了更为全面综合的游戏理论。他还通过实证研究方法，对游戏与儿童创造力发展的关系进行了研究。结果表明，游戏确实能更好地发展儿童的有效回应能力、灵活的表征能力以及自控能力[2]。

基于游戏学习的外部刺激，可以从以下四个方面思考如何在课堂中体现"学习进度可视化"。

（1）单元游戏学习路径可视化策略

大单元意义下的探索是教与学的核心任务。以可视化的方式来呈现单元游戏化的发展路径，使隐形的单元路径得到显性的表达是非常有价值的尝试。可视化的单元路径可以帮助老师、学生更好地理解单元的内在逻辑。通过语言、图式等方式把学习目标可视化表达出来，并进行观察、反思和改进，使学习目标可达成、可操作、可检测。如图3-10所示的是小学数学"认识分数"这一单元的可视化单元路径，可以在路径中清晰地看到单元情境、游戏化设计和学习评价的过程，能够更好地帮助老师和学生理解单元的逻辑，促进有效教学的发生。

---

[1] 姜勇.国外学前教育学基本文献讲读 [M].北京：北京大学出版社，2013：12-15.
[2] 尚俊杰，裴蕾丝.重塑学习方式：游戏的核心教育价值及应用前景 [J].中国电化教育，2015（5）：41-49.

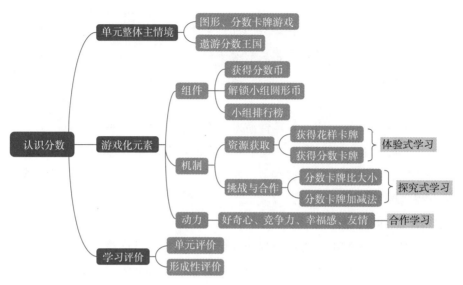

图3-10 单元游戏学习路径可视化策略

（2）认知理解学习思维可视化策略

能够将较为抽象的思维直观可视化，并将其同化到自己的认知体系中，这对学生来说并不简单。在下面的"认知理解学习思维可视化策略案例"中我们采用了"三重编码"模型（Triple-code Model，TCM）。三重编码模型解决的就是原始数量感、数量的言语表征和符号表征系统三者之间的连接问题。这一理论的基本观点是：当儿童进行数学操作时，意味着儿童进行了下述三种活动之一：进行某些视觉操作（把数字看作视觉数字，例如3个）；执行某些语言操作（听到或者阅读数目，例如Three）；把数字表征为数量（例如，3比1多）。编码模型证实了数学推理特征：言语不参与的情况下进行思维的可能性，以及无意识的数学加工过程的存在。这种可能的无语言伴随的数学思维强调的是要使用有助于激活儿童数量表征系统的活动和任务。[一]从而将抽象的数学内容和问题形象地展示出来，激发学生的学习兴趣，提高学习效率。以"三重编码"模型为依托，形成学习进度可视化下的单元整体游戏化教学策略的建构。

> 🔒 **案例** 　　　　　认知理解学习思维可视化策略
>
> 北京市二十一世纪国际学校　袁琳
>
> 　　《认识分数》是小学数学三年级的教学内容，学生对分数概念不难理解，但对于分数意义的理解却比较困难。在简单分数加减时，三年级的学生不善于运用数学模型解决问题。对分数的学习，小学阶段主要涉及整体与部分，以及对分数数值的

[一] 王成刚. 脑科学关于儿童早期数学学习研究的新进展——三重编码模型的脑机制简介 [J]. 学前教育研究，2004（Z1）：54-55.

测量解释。基于对课程标准、教材、学业水平和学情的了解,不难看出,学生不建立模型意识就无法深入理解分数的意义,后面的深度学习更是无从谈起。

教师设计了2套创意卡牌,每套各56张。一套为纯图形卡牌(花样卡牌),另一套为图形和分数对应的卡牌(分数卡牌),其中都是分母从2到10,分子依次增加,直到和分母一样为止的简单分数,并配以用圆形(其他图形也可以)为分割的图形作为说明,帮助理解分数的意义,如图3-11所示。

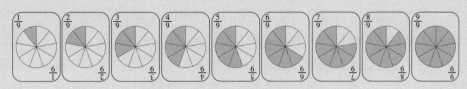

图3-11 分母为9的分数卡牌示意图

教师运用"三重编码模式"让学习进度可视化,学生在学习数学时,总会进行三种活动:视觉操作、语言操作和表征操作。当学生把数字看作视觉数字,如1/2时,进行的是视觉操作;当听到或者阅读数字,如1/2时,进行的是语言操作;当大脑中分析出1/2比1/3多时,进行的是数字表征操作。这三种操作在学生利用卡牌游戏进行学习时可以同时发生。分数卡牌上分别记有对应的数字和图形,学生利用视觉操作可以快速关联数字和图形,在卡牌游戏规则的要求下,将卡牌上的数字或图形快速用数学语言进行表达,然后直接把数字表征为进行数量大小的比较。

数学是一种数学符号进行表达的学科,学生在学习数学时遇到困难,可能源于符号化过程出现了异常。分数卡牌基于"三重编码模式"将分数的数字、图形、语言统统结合在一起,让个体在数学符号与视觉符号之间建立连接,学生的统合知觉在游戏的刺激下发挥作用。

教师组织学生玩"分数卡牌碰碰碰"的游戏,练习分数比大小和加减法。游戏规则是:①两个人一组,每人持有相同数量的卡牌,猜拳决定抽牌顺序,赢者先抽,输者后抽。两个人分别抽取对方的一张卡牌,出牌后若是同分母分数进行加减法,若是异分母分数进行比较大小,第一个说出正确答案者进行吃牌。②在规定的时间内手里的卡牌最多者获胜。

分数卡牌游戏,让个体在数学符号与视觉符号之间建立起连接,学生的统合知觉在游戏的刺激下发挥作用,完成比较分数、分数加减法的学习。除了基础玩法,学生还能通过图形,发现部分卡牌中,同一张卡牌可以用不同但等值的分数表示,进一步理解分数的意义,为后续学习分数的通分和约分做铺垫;利用卡牌上的面积模型,进行异分母或者异分子分数的运算,还能培养高阶思维能力,在游戏中储备高年级学习内容。在玩牌的激烈焦灼中,身体、思维全都动起来。

(3) 小组合作学习行为可视化策略

具身认知理论认为，教学是全身心的学习，而不只有大脑参与思维的运行。从这个意义上说，学生的整个身体都是大脑，都应该参与学习中，帮助大脑获取知识、理解并内化知识[1]。交流互动学习进度可视化针对小组或者个人进行，可以通过可视化反馈帮助学生交流状态，并进行恰当干预，激发学生的积极性与参与的热情。

(4) 学习评价可视化策略

学习评价可视化反馈的主要是学生个体参与学习的状态和学习行为及其数据评价，为学生提供学习反馈。学习评价的可视化分为教师评价和学生互评两种形式，教师评价能准确地帮助学生认识到自己在学习过程中的表现，能对自己的学习过程进行反思和总结，为后续的学习进行重新规划，是课堂评价的主要环节。学生互评，有助于形成民主的课堂氛围，也有助于激发学生的竞争意识。在这个过程中可以使用积分、徽章、排行榜等形式对评价过程和结果进行展示和交流，促进知识的共享。

5. 学生制作游戏，建构知识

建构主义理论最早是由皮亚杰提出的。建构主义理论指出儿童对新知识的学习不应是被动地接受外部刺激，而应是主动承担知识建构者的角色，教师在这个过程中应该帮助和指导儿童进行知识建构[2]。建构主义强调以学生为中心，主张学生在情境、协作、对话等元素中发挥学习的主动性和创造性，进而完成对所学知识的主动构建。

幼儿对于世界的认识理解是他们主动建构的，而制作游戏是他们进行意义建构的有力途径和工具。制作游戏具有三大特征，即游戏主体的操作性、游戏内容的象征性和游戏过程的创造性。①游戏主体的操作性：幼儿作为制作游戏的主体，能够主动地选择和操作游戏材料，并通过对游戏材料的构造表现对事物的认识。②游戏内容的象征性：幼儿可根据自己的预期想法，将自己对生活的了解和对世界的认知通过构造的物体表征出来。③游戏过程的创造性：制作游戏过程具有极大的新颖性与创造性，幼儿跟随自己的内心感受与已有经验，将创造欲望通过动手制作表现出来。因此，制作游戏对于帮助幼儿建构知识具有重要促进作用。以《飞吧！火箭》为例，幼儿通过利用生活中的材料，在教师的引导和支持下，大胆尝试，动手操作，把自身已有的建构认知架构不断地推翻、重建，通过对原有经验的改造和重组，以及对新信息的意义建构，掌握了火箭飞天的原因，对于帮助幼儿进行知识迁移和知识重构，完善幼儿认知框架具有重要价值。

---

[1] SHAPIRO L. The embodied cognition research programme [J]. Philosophy compass, 2007, 2 (2): 338-346.

[2] 何克抗. 建构主义的教学模式、教学方法与教学设计 [J]. 北京师范大学学报（社会科学版），1997 (5): 74-81.

> **案例** 　　《飞吧！小火箭》教学片段

北京明天幼稚集团十幼铁路园
段文谢　白孟秋　孙丹丹　张洁琪　刘红　王玉蕾　朱庆玫　韩敏

中班幼儿开始关注身边的人、事、物，具有问题意识，特别是"神舟十五号"载人飞船升入太空的新闻，更是激发了幼儿对火箭、航天、太空的兴趣。但由于其生活经验和思维发展水平有限，需要在教师的引导下才能进行持续的观察与发现，需要材料的支持和动手操作来推进学习探索的过程，并借助制作游戏、实验操作等方式展开对物质科学现象的进阶式探究，以获得新经验，进行意义建构。

1. 制作游戏之收集与选择材料

在活动前期，教师调动幼儿已有的知识和生活经验，引导幼儿以分组的形式收集游戏材料，并对所收集材料的类型、特征和用途进行分类、筛选、归纳和统计，经过师幼共同努力，最终通过投票选择了三组结构化材料进行游戏，如图3-12所示。在幼儿收集与选择材料过程中发展了幼儿的观察实验能力、科学思考能力和表达交流能力。

第一组：塑料瓶和自制纸火箭。

第二组：吸管和自制纸火箭。

第三组：打气筒和塑料瓶火箭。

 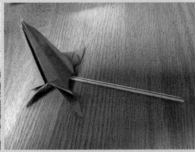 

第一组　　　　　　　　第二组　　　　　　　　第三组
图3-12　小组材料

2. 制作游戏之操作材料使用

幼儿最重要的学习方式是操作性学习，对玩具材料的操作是幼儿经验发生、学习活动开展的主要方式。因此，根据幼儿的兴趣和求知欲，鼓励三组幼儿分别进行操作实验。尝试如何让火箭飞起来，怎样能飞得更高。

操作实验：

第一组（塑料瓶和自制纸火箭）：幼儿通过分别拍打有、无瓶盖的塑料瓶，在对比实验中感受火箭是靠力的推动飞起来的。有助于幼儿理解火箭发射的科学现象，同时培养了幼儿的观察、分析能力，发展了幼儿的动手操作等综合能力。

第二组（吸管和自制纸火箭）：幼儿通过操作、比较、概括得出：①当嘴对准短边吹吸管时，火箭飞得更高；②纸火箭顶端的鼻锥如果漏气，则火箭飞不起来。此过程锻炼了幼儿的思维能力，促进了问题的解决。

第三组（打气筒和塑料瓶火箭）：幼儿在操作中发现打气筒与火箭连接处漏气，火箭飞不起来，经过讨论、思考，幼儿选用篮球气针解决了两者连接处"漏气"的难题，并在对比实验中发现，大打气筒能够成功发射火箭，小打气筒发射失败。经过师幼共同梳理、总结、概括，发现大打气筒比小打气筒产生的力大，所以飞得高。在实验操作中发展了幼儿的动手操作能力、观察实验能力和科学思考能力。

幼儿发现力的推动能使火箭飞起来，并根据发射器的原理，寻找生活中的适宜性材料，通过使用简单工具，尝试让火箭飞得更高，在教师的引导下大胆尝试，动手操作主动进行意义建构，发现第三组实验材料（打气筒和塑料瓶）产生的推力最大，所以飞得最高。

通过制作游戏，幼儿在实际操作和亲身体验中主动进行知识建构，探索出了火箭飞起来的秘密，加深和丰富了幼儿对火箭发射的理解，积累了关于物质科学的丰富经验，既能够帮助幼儿进行知识重构、意义建构，又能够培养幼儿的科学探究能力，有利于从小培养幼儿形成良好的学习品质。

6. 利用结构游戏化设计教学评价体系

教学评价是依据教学目标对教学过程及结果进行价值判断并为教学决策服务的活动，是对教学活动现实的或潜在的价值做出判断的过程。教学评价关注教师教和学生学的价值。教学评价一般包括对教学过程中教师、学生、教学内容、教学方法手段、教学环境、教学管理诸因素的评价，但主要是对学生学习效果的评价和教师教学工作过程的评价。我们也可以对评价进行游戏化的包装和设计。例如，可以借用游戏中的经验值概念来评价每一次学习任务的完成情况，学生的不同经验值可以兑换不同的徽章。另外，教师也可以根据徽章和经验值的排序设计一个排行榜。相对于传统的分数评价，游戏化评价方式会显得更加有趣。

有了评价方式，具体的评价内容则需要从两个方面进行考虑：一方面是学生的认知发展，另一方面是学生的个性和社会性发展。认知发展可以参考教学目标的完成情况进行评价，个性和社会性则可以从对规则的遵守、过程的参与、同伴交往和持续情况这四个方面进行考虑。

北京十一学校龙樾实验中学利用结构游戏化的设计，已经形成了一套完善的教学评价体系，下面是具体的案例。

案例　　　　龙币评价体系

北京十一学校龙樾实验中学　马积良　田巧英　杨悦　郗静波　崔燕飞

北京十一学校龙樾实验中学以识别和培养自我管理能力、创新能力、社会责任感、奉献精神和财金思维等未来人才必备品格为目标，结合自我决定理论，设计了一套针对初中年级的校园虚拟货币体系——龙币体系[1]。四种版式的龙币，如图3-13所示。实践主题包括积累规划、成长创新和收获奉献，分别对应三个年级。通过对"货币"的产出和消耗机制进行完备设计，结合细致的保障机制，该校进行了三年的实践。调查数据和观察结果均表明，龙币体系能够改善绝大多数学生的学习动机，对于少部分过于沉迷于该体系的学生的动机影响不大。

设计思路：

心理学中的自我决定理论指出，人的动机分为外在动机和内在动机，其中外在动机最基础的就是外部动机，也就是各种刺激和激励。这种外部动机如果不及时转化，就可能产生负面效果。促成外部动机向内部动机转化的关键是满足人的三大需要，即自主需要、能力需要和归属需要。

基于此，学校设计了能够满足学生三大需要的龙币体系：针对自主需要，提供广阔的虚拟货币兑换场景和各式各样的兑换券；针对能力需要，提供更多赚取龙币的场景，不仅课上可以赚取龙币，课下也可以，参加活动也可以，进行创作也可以，等等，让每个人都有属于自己的场域空间；针对归属需要，形成全年级甚至全校范围的话语体系，通过龙币的流动，让付出与收获看得见、摸得着。

图3-13　四种版式的龙币

---

[1] 马积良，田巧英，杨悦，等.游戏化评价模式下的校园虚拟货币体系[J].教学与管理，2019（16）：19-21.

学生在初中学习的三年将全程采用龙币体系进行评价。由于小学与初中之间存在比较大的思维、学习方法、环境、习惯等的变化，很多学生进入初中后不太容易适应，这时候铺设虚拟货币体系，让学校像一个小社会，可以帮助学生更快融入，更快找到自己的定位。初一年级的主题是积累和规划，学校通过开展各种各样的活动让学生们赚足龙币，完成原始积累，从无到有。为了保持财富增值，学校又开设了自习理财、学业理财等各种不同的理财项目，吸引学生前去投资。例如，自习理财，学校会与学生签订协议，学生购买自习理财，如果接下来一个学段学生认真完成自习课、不违纪，就会收获20%的利息收益。如果违纪，不仅没有利息，还会根据违纪情况扣除一定额度的本金。学生买了自习理财后，自习课上就会仔细掂量，更加认真地对待，达到规范学生自我管理行为的效果。到了初二，主题变为成长、创造。学校开设"龙创客"系列活动，推选优秀的创客产品，进行集中发布和拍卖，对于优秀的产品，比如学生自己制作的抓娃娃机，则由学校直接拍走。拍卖获得的收益是非常丰厚的，这可以充分激发孩子们参与创造的热情，让初二变成他们梦想高飞的舞台。到初三以后则慢慢进行"货币"紧缩，减少"发行"提高"税收"，同时通过教育，引导他们感恩学校、捐献龙币。学校希望在初三实现从有到无的逆转过程，完成闭环。最终，初中三年，通过这一闭环设计，让学生具备了未来人才的特质，那就是自我管理能力、创新能力、社会责任感、奉献精神和财金思维等。这也是学校打通教育边界，盘活教育资源的一种尝试。从零到一、从一到零、大道至简，体现了深刻的中国古典哲学思想，学生通过三年完成了一次社会性历练，磨炼了品格，拥有了独立生活的能力和素养。

实施方法：

龙币体系作为一套校园虚拟货币体系，在设计层面最为关键的是"货币"产出与消耗机制。产出渠道主要包括以下三个方面：

（1）课程产出。基于学生在课堂上的表现，任课教师有权基于课程奖励规则给予学生一定量的虚拟货币奖励。

（2）班级产出。无论是行政班还是走班选课背景下的导师班，班集体作为一个整体，带班教师有权根据学生在班级内的表现，基于班级奖励规则，给予学生一定量的虚拟货币奖励。

（3）活动产出。学生参加由学校、年级组织的各类活动，根据表现情况，基于活动奖励规则，可以获得一定量的虚拟货币奖励。例如，创客拍卖、社团活动等。

以上三个方面分别对应三套规则，分别是课程奖励规则、班级奖励规则和活动奖励规则。学期初，虚拟银行与年级委员会共同制定"货币"发放标准，按照导师班、学科、学生管理组织三个方面进行制定。其中，导师班按照平均每人每学期10

枚"货币"作为发行上限。例如，有的班有18位同学，那么该班本学期的"货币"上限是180枚。每次由班级负责教师向虚拟银行申请"货币"，单次申请量不超过总上限的40%。与此同时，班级需要提交完整的班级奖励规则，并按照规则进行虚拟货币发放。

虚拟货币在以上三套规则的限制下，更像是一个"奖励通货"。其实每一所学校都有学生的奖励规则，无论是实物奖励还是奖学金，但是大多数都是采用即时兑现的方法进行，而校园虚拟货币体系把这种奖励进行了延迟，每一次奖励都用虚拟货币这一通货进行替代。这是符合"延迟满足"教育规律的：即时的满足感往往不能持续太长时间，反而让学生无法转变为长期发展的动力；而延迟满足则有利于培养学生责任、忍耐、规划和自制。

校园虚拟货币体系的消耗渠道，包括以下四个方面：

（1）兑换消耗。学校应组织相关的兑换，将虚拟货币按照一定的比例兑换为实物或服务奖励。奖励的内容包括各类文具、书籍、学科用具等与学生学习生活密切相关的商品或服务。

（2）扣罚消耗。对于学生在校的不合规表现，应该适当扣罚学生的虚拟货币，体现虚拟货币在学校德育工作中的评价属性。

（3）税利消耗。对于某些学生的活动或者行为，学校应该收缴一定额度的"税利"，让学生养成"纳税"的习惯和意识。

（4）公益捐献。为了培养学生的公益意识，形成闭环，在一开始就铺设了公益捐献环节，让学生学着用自己的能力回馈学校、回馈社会。

学期末，学校组织一次较大规模的集市活动，称为"龙市"。在"龙市"上，学校提供一系列的实物产品兑换，从文具到水果零食、书籍图册等一应俱全，采用一定额度的虚拟货币定价，供学生选购。同时提前租赁摊位给学生，用以售卖学生自己制作的小产品，租赁摊位需要交租金，售卖所得归学生所有。对于一些较大的创客类产品，在集市上进行产品发布和拍卖，教师和校长都可以参与拍卖，以鼓励学生的创新创客意识。同时，集市上还提供一些可供购买的另类奖券，如"老师请我吃顿饭""老师请我看电影""老师唱个歌"等。

通过以上活动，学生日常积累的虚拟货币派上了用场，可以兑换或者购买自己喜欢的产品或服务。在这个砍价、喊价的交易过程中，学生不再是静止地等待颁奖的"标志"，而是一个个市场上鲜活的人。这个过程培养了学生的公民意识、参与精神、创新意识、动手能力和财富观。其中，可以看到一个多维立体、真实体验的货币流动体系，也让学生切实感受到了货币相关的市场规则，更能够在多种消费方式中体验多劳多得、科学理财、合理消费、承担责任等。

> **策略小结：**
>
> 1.适度的外部刺激有利于学习动机的形成和提高，并且外部的学习动机有机会转化为学生的内部动机。龙币体系对于学生学习动机的提升效果是明显的，并且有一部分外部动机已经开始转化为内部动机。
>
> 2.虚拟货币体系作为一个强有力的外部刺激方式，适度参与不沉迷的学生对于学习动机的提升是最高的。
>
> 3.龙币体系有效提升了学生的学习动机，但是也发现了新的问题，如某种程度上的沉迷，这将指导接下来的龙币制度改革。
>
> **拓展资源：**
> 案例相关拓展资源请扫描二维码查看。
>
>

游戏化教学在教育教学过程中能够展示广阔的应用价值，在激发学生动机、促进知识学习、掌握基本技能和培养高阶能力方面都有不可替代的作用。内容游戏化和结构游戏化两种形式，为教师的游戏化设计提供了抓手；积分、徽章、排行榜等游戏化元素为游戏化设计提供了工具；挑战、机会、竞争、好奇等机制为游戏化设计提供了框架和思路。教师可以通过适当的原则和策略，对自己的课程进行游戏化改造，从而给传统课堂带来一些新的色彩和生机。虽然游戏化教学具有重要的价值，但在教学过程中也不能滥用游戏，必须根据教学需要有选择地使用。要根据教学内容、教学目标、学生特点等因素进行合理的游戏化设计。教育的根本目的是育人，游戏化学习的过程也是为了更好地完成育人目标，在设计和应用过程中的宗旨都是让学生在自己感兴趣的领域成为想成为的人，这也是游戏化学习、教育教学的根本所在。

3.6 本章结语

本章凝练了许多北京大学学习科学实验室的优秀成果，以及在实验室指导下完成的优秀教师案例作品。我们从学习科学的角度，重新审视游戏化学习，希望通过理论探讨和实践案例，给出具体的解决策略。首先，提出了游戏化学习的教育意义，如有利于促进学生的内在动机和培养学生的高阶思维能力等。其次，从认知神经科学和多媒体教学等角度，梳理了游戏化学习的理论基础。再次，基于理论提出了游戏化教学的基本原则。最后，提出了游戏化学习策略的两种模式，分别是内容游戏化设计策略和结构游戏化设计策略。通过第三章的学习，教师将对游戏化学习有一个系统的了解，并能够掌握游戏化设计的具体方法。

第4章

探究式学习

【本章导入】

《论语》有曰:"学而不思则罔,思而不学则殆""吾尝终日不食,终夜不寝,以思,无益,不如学也"。如果只是一味地读书学习却不思考,就会迷惑、糊涂。但如果只是一味地思考,也没有什么好处,很可能毫无收获,不如起而学习新知,开展实践活动,帮助自己思考。《论语》中强调的学习方式与现在提倡的探究式学习方式很相近。

探究式学习(Inquiry Learning)自二十世纪五六十年代美国教育家施瓦布(J.J.Schwab)首次正式提出该理念后,在世界上很多国家的课程改革中,都在倡导积极使用该学习方式开展学习活动。探究式学习不仅具有授之以鱼的功能,更有授之以渔的突出优点,目前已经成为世界各地广泛应用的学习方式之一。本章,我们将从学习科学的角度,通过理论探讨和实践案例分析,给出开展探究式学习的理论解读与实践策略。

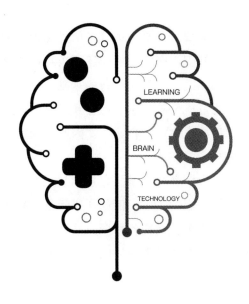

【内容导图】

本章内容导图如图4-1所示。

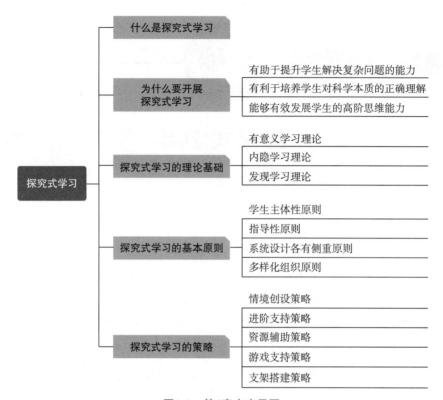

图4-1 第4章内容导图

4.1 什么是探究式学习

探究本质上既是一种思维方式，又是人类寻求信息和理解的一般过程。人们在问题求解的过程中需要一定的科学知识、探究技能，还要秉持一定的科学态度，这些被统称为科学素养。这其中的科学知识既是探究所必备的基础，又是探究的结果。知识积累由少及多、由片面到系统，最终形成反映自然、社会和思维等各个领域的知识体系，我们也把这个描述客观规律的知识体系称为"科学"。因此，探究既是人类求知的本能，又是推动文明发展的根本动力。

狭义上的探究一般是指科学探究。科学探究强调知识的确凿性，十分重视证据。科学家在进行科学探究时会使用一定的程序，例如形成问题、猜想与假设、制定方案、验证假设、表达与交流、形成结论等，运用各种探究技能，秉持一定的价值观。除了科学探究外，国外的K-12课程标准文本中的探究形式，还包括社会探究、符号探究、技术探究、心理探究等。

探究式学习是充分发挥人类本能的一种学习方式，能够极大地满足学生与生俱来的好奇心和求知欲[1]。探究式学习是指学生在教师指导下，以一种类似于科学探究的方式来进行学习的活动，在此过程中获得对科学知识的深入理解，掌握一定的探究技能，形成必备的科学精神。之所以说探究式学习是一种"类似于科学探究的方式"，是因为它在课堂中开展，受环境、时间、人员等限制，而且它的根本目的不是发现新知，而是更好地理解科学。因此，学生体验类似于科学探究的过程即可。此外，学生应该掌握的探究技能可以参考美国教育促进会（AAAS）提出的13种类型，包括观察、分类、应用数据、测量、应用空间与时间关系、交流、预测、推理、下定义、形成假设、解释数据、控制变量和实验，前八种为基本技能，后五种为整合技能，即综合运用数种基本技能的技能[2]。

　　探究式学习不仅适用于科学学科的学习，同样适用于语文等人文学科的学习。随着探究式学习的发展，也被应用在社会科学领域之中。拜伦·马希尔斯（Byron Massialas）和本杰明·考克斯（Benjamin Cox）将探究式学习应用于重大社会议题的研究及解决，形成了"社会探究模式"。

　　很多人容易把探究式学习和研究性学习相混淆，这两者确实很难区分。研究性学习是为全面实施素质教育，培养学生创新精神和实践能力，转变学习方式和教学方式而开设的课程。从这个角度来看，研究性学习以课程形态存在。研究性学习其实也可以被看作是一种学习方式，这种学习方式适用于现实生活，需要用跨学科知识解决的复杂问题。总体来看，探究式学习和研究性学习有以下几点区别，见表4-1。第一，就问题选择而言，研究性学习所要解决的问题源于生活。在很多情况下，在问题求解过程中，可能涉及对自然、社会、自我等多领域知识的运用，和不同角色打交道，除必备的探究技能外，还要掌握包括交际技能在内的多项技能，且研究的问题不一定有明确的结论[3]。探究式学习所要解决的问题大多源于课本，是对具有明确结论的问题进行的探究，是较小范围内，即在教师比较可控的范围内，由教师引导学生发挥自主性来解决的问题[4]。第二，就活动目的而言，研究性学习强调研究的过程，不刻意追求结果。探究式学习不仅重视学生的探究过程，更重视探究后学生对于知识的理解是否准确、深入。第三，就活动过程而言，研究性学习耗时较长，强调学生经历完整的研究过程。探究式学习则灵活得多，可以要求学生经历完整流程，也可以侧重体验某几个环节[5]。

---

[1] 张健.基于学习本能论的基础教育课程改革路径探索[J].教育观察，2020，9（39）：33-36.
[2] 靳玉乐.探究学习[M].成都：四川教育出版社，2005：5-6.
[3] 李亦菲，杨宝山.如何认识探究学习与研究性学习的关系[J].学科教育，2002（12）：34-37.
[4] 靳玉乐.探究学习[M].成都：四川教育出版社，2005：48-49.
[5] 孙志璞，苏继红，陈淑清.关于探究性学习的几点思考[J].教育探索，2006（4）：18-19.

表4-1 探究式学习与研究性学习的区别

维度	研究性学习	探究式学习
问题选择	所要解决的问题源于生活，涉及多领域知识的运用，研究的问题不一定有明确的结论	所要解决的问题大多源于课本，是对具有明确结论的问题进行的探究
活动目的	强调研究的过程，不刻意追求结果	不仅重视学生的探究过程，更重视探究后学生对于知识的理解是否准确、深入
活动过程	耗时较长，强调学生经历完整的研究过程	灵活，可以要求学生经历完整流程，也可以侧重体验某几个环节

4.2 为什么要开展探究式学习

与传统的教学方式相比，探究式学习有哪些优点呢？通过对文献的梳理发现，探究式学习有助于提升学生解决复杂问题的能力，有利于培养学生对科学本质的正确理解，能够有效发展学生的高阶思维能力。

4.2.1 有助于提升学生解决复杂问题的能力

现实世界充满不确定性，仅仅具备客观的科学知识并不足以应对个体在未来生活和发展中遇到的挑战，因此传统的接受学习法存在一定局限。探究式学习通过让学生在相对开放、不确定的情境下设计问题的解决方案，探索过程类似于现实世界中的问题解决过程[一]。这种体验过程能让学生直接感知事物的本质，在困惑与疑难的驱动下，通过积极、持续、审慎的思考与亲身实践，在"做中学"，积累对日后学习生活而言非常实用的探究经验。

4.2.2 有利于培养学生对科学本质的正确理解

大众对于科学本质的正确理解是社会发展进步的重要基础。但传统的教学方式侧重于教给学生绝对的、正确的知识，仅仅把实验作为验证科学概念和原理的手段，这容易使学生错误地认为科学知识是绝对的、科学方法是形式化的。探究式学习通过让学生在自身已有经验和认知基础上，在外界恰当支持下，亲身体验获取知识的过程[二]，从而形成对科学的正确认识——科学是不断发展的，并非绝对真理，而是人们对世界发展最充分的解释。

[一] 付晨晨. 论探究式学习的价值 [J]. 中学政治教学参考，2017（27）：76-78.
[二] 王华. 基于探究式学习引导学生自主构建概念图的教学探索：以"细胞免疫"为例 [J]. 生物学教学，2017，42（12）：16-17.

4.2.3 能够有效发展学生的高阶思维能力

根据布鲁姆的认知目标分类体系，认知目标被分为记忆、理解、应用、分析、评价和创造六个类别，高阶思维对应后三类认知目标。在探究式学习过程中着重培养的能力包括八个维度，大多属于高阶思维能力[1]，包括提出问题、形成课题的能力，猜想与假设的能力，制定探究方案的能力，进行实验的能力，收集证据的能力，分析证据、形成结论的能力，反思与评价的能力，合作与交流的能力，如图4-2所示。

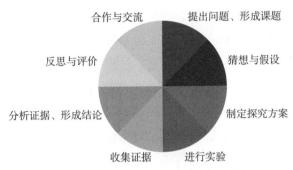

图4-2 探究式学习注重培养的八大能力

4.3 探究式学习的理论基础

探究式学习的发展离不开理论支持，其理论基础主要有：有意义学习理论、内隐学习理论和发现学习理论。

4.3.1 有意义学习理论

美国当代著名教育心理学家奥苏贝尔（D.P.Ausubel）针对传统学习理论的不足，提出了有意义学习理论。在奥苏贝尔看来，人类学习新知是基于原有的个体经验，通过语词、符号来学习和加工组织知识，只有学习者具有主观能动性才能更好地学习。有意义学习理论就是符号所代表的新知识与学习者认知结构中已有的适当观念建立起非人为的和实质性的联系。在新知识与已有的认知结构不断建立联系的过程中，原有认知结构不断分化和组合，最终习得新知[2]。当学生已有的知识被激活，并且是充分的、恰当且正确的，便会促进学生的学习，否则会阻碍学生的学习[3]。在开展探究式学习之前，学生已经

---

[1] 张雪，罗恒，李文昊，等.基于虚拟现实技术的探究式学习环境设计与效果研究：以儿童交通安全教育为例[J].电化教育研究，2020，41（01）：69-75；83.
[2] 靳玉乐.探究学习[M].成都：四川教育出版社，2005，76-77.
[3] 安布罗斯，等.聪明教学7原理：基于学习科学的教学策略[M].庞维国，徐晓波，杨星星，等译.上海：华东师范大学出版社，2012：23-25.

在以往的日常生活中形成了对事物的概念、观点和想法，也叫作前概念。因此，学生参与探究式学习时并非是零起点，而是在前概念的基础上，通过探究式学习的过程，从而形成对科学概念的正确认识①。

4.3.2 内隐学习理论

内隐学习的概念是由罗伯（A.S.Reber）提出的，并把学习划分为内隐学习（Implicit Learning）和外显学习（Explicit learning）两种类型②。人们能够按照两种本质不同的模式来学习复杂的任务，一种是外显学习，即需要付出努力，需要利用心理资源，采取一定的决策来解决问题和完成学习任务的活动。另一种是内隐学习，就是个体自动的、无意识地获得刺激环境中复杂知识的过程，在这一过程中，个体并没有觉察到或者陈述出所学知识内在的规则，但却学会了这种规则③。内隐学习是学习者无意识地获得关于刺激环境复杂知识（内隐知识）的过程。与外显知识不同的是，内隐知识不能通过语言、文字或符号等进行显性地表述，不能够被言传，只能在实践活动中呈现、被察觉、被意会，从而实现隐性知识在不同个体之间的转移。关于脑学习机制的研究表明，内隐学习与外显学习发生时激活的脑部区域不同，内隐学习往往激活处理抽象思维的大脑左半球区域，外显学习则倾向于激活大脑的右半球区域④。在探究过程中，学生有更多的自由去发问、观察、探索，从而增加学习者在无意识认知中自动内化内隐知识的可能性。内隐学习的大量研究成果表明，在获取探究技能过程中，内隐学习普遍存在且作用显著⑤。

4.3.3 发现学习理论

布鲁纳在其著作《教育过程》中描绘了"发现式学习"的蓝图，掀起了美国20世纪60年代课程改革的热潮⑥。布鲁纳认为，学习的实质在于主动地形成认知结构，认知结构的核心是类别编码系统；学生的知识学习是一个类别化的信息加工活动，是自己主动形成知识的类目编码系统的过程⑦。虽然这种学习也离不开教师的支持和引导，但它更强调学生亲自地、主动地去发现知识、得出结论和应用规律，与传统的被动接受和等待教师告知现成知识的学习方式有显著差异。另外，发现学习不仅仅是学生掌握知识的学习方法和过程，也重视学生逐渐养成"发现"的习惯，掌握"发现"的窍门，形成探究性思

---

① 陈勤.学生"前概念"对课堂教学的影响及利用转化 [J].教育理论与实践，2018，38（23）：52-54.
② 刘耀中.内隐学习与学习理论的构建 [J].教育研究，2001（8）：50-53.
③ 王瑞峰，李新成.内隐学习理论视角下的教学设计 [J].现代教育技术，2008，18（S1）：15-17.
④ 赵滨宁.内隐学习理论对主体教育研究的启示 [J].黑龙江高教研究，2009（7）：177-180.
⑤ 樊琪.科学探究技能的内隐与外显学习的比较研究 [J].心理科学，2005（6）：97-100；96.
⑥ 郑旭东，陈荣.从"教育过程"到"教育文化"：百年回望布鲁纳 [J].电化教育研究，2019，40（6）：5-10.
⑦ 孙莉.试述布鲁纳的学习理论及其在教学中的应用 [J].教育理论与实践，2004（14）：63.

维，从而为其以后的学习创造有利条件。发现学习注重激发学生的内在学习动机、关注学习过程、重视知识结构的掌握、看重直觉思维、强调信息的提取。这与探究式学习强调的发挥学生学习自主性、发展探究能力、注重探究的过程等密切相关[⊖]。

4.4 探究式学习的基本原则

通过理论视角对探究式学习的重新解读，我们可以看到在实施探究式学习的过程中需要考虑以下四个原则。

4.4.1 学生主体性原则

接受式学习与探究式学习的区别，见表4-2。不难发现，探究式学习尤为注重学生的主体参与，强调由学生自主建构知识。开展探究式学习的首要原则便是发挥学生在探究过程中的主体性，主要体现在以下几个方面：①转变学习观念和学习方式。在探究式学习中，学生的角色不再是知识接受者，而是知识的发现者和研究者，这就要求学生从思想上承担起学习责任，行动上积极、主动地参与学习活动。②增强学生的自主性和能动性。探究式学习强调以学生已有知识、经验和兴趣为基础，综合运用学科知识，通过适合自身的方式去开展未知领域的探究。这样不仅能够激发学习动机，并且有利于提升学习效果。③需要一定的学习策略和学习方法做保障。探究式学习要求学生对其探究过程进行设计、控制和监督，也涉及学生在小组内论证观点、质疑、协作研讨，对学生的学习策略和学习方法提出了较高的要求。

表4-2 接受式学习与探究式学习的比较

学习类型	接受式学习	探究式学习
学生角色	知识接受者	发现者、研究者
知识（信息）呈现方式	外部强加的	自主建构的
学习内容	预设的	预设的、创生的
主要学习方式	被动的、他主的	积极的、自主的
学习过程	他控的	自控的

4.4.2 指导性原则

教师是探究式学习的组织者和协助者，起着向学生提供帮助和支持的作用。在教学中，如果教师介入太早，就没有留给学生自主探究的机会；如果介入太晚，则会导致学

⊖ 熊士荣，徐进. 发现学习、接受学习、探究学习比较研究 [J]. 教师教育研究，2005（2）：5-9.

生过久地处于无助状态甚至陷入困境之中；有时在根本不必要、不应该介入时介入，则会剥夺学生尝试错误和从教训中学习的机会；有时指导又不够充分，以致学生感到无从下手或认识不能到位。因此，教师的指导原则就是保证学生在最近发展区内开展探究。在开展探究式学习时，教师的指导建议做到：①充分分析学生的学情，循序渐进，由易到难，逐步提高。在学生达到一定认识后再进阶。②在开展过程中，教师根据课堂上的学情，在学生需要的环节进行引导，通过与学生讨论的方式帮助学生厘清问题的症结，或给出参考性建议。③教师可以根据学生的实际情况，给学生进行知识背景的介绍和研究方法的指导。

4.4.3 系统设计各有侧重原则

探究式学习在课堂教学中，往往存在两个矛盾：一是课堂时间少和探究过程需要时间多的矛盾，二是学生"自主"和教师"指导"的矛盾。解决这类矛盾的基本办法是，在设计学习活动时，侧重探究的部分要素，以主要能力目标为着力点设计学习活动，帮助学生把主要精力放在需要强化的探究要素上。凡属于需要重点强化的探究要素，则应充分发挥学生的自主性，让学生独立完成，不属于需要强化的探究要素，教师可以大胆指导。一节课究竟需要强化哪一个要素，应该根据具体情况进行合理和全面的规划。看起来一节课似乎只突出了某一两个要素，而实际上不同的课分别突出了不同的要素。在系统探究式学习后，学生所得到的是深入和全面的发展。

4.4.4 多样化组织原则

探究式学习的过程与科学研究的流程大概一致，但具体的组织方式可以根据学科内容和可供整合的资源而变化。多样化组织原则具体体现在：①探究的选题可以不拘泥于课本上的内容，也可以是身边或社会上的焦点问题；②教学组织的空间也无须局限于课堂，可以拓展到校内、学生家里、多媒体教室、博物馆、图书馆、大自然或街道上；③学习形式包括个人探究、合作探究、单学科探究和跨学科协作等；④学生可以利用的资源也可以是丰富多彩的，除了教师提供的资源外，学生还可以自主上网搜索信息、现场考察、实验操作与相关专家或人员进行调查访谈或者查阅档案材料等。探究成果的形式可以是调查报告、论文答辩、发明创造或者多媒体材料。

4.5 探究式学习的策略

在探究式学习开展过程中，教师应注重创设问题情境，激发学生的探究欲望，着力培养学生的独立性、主动性和积极性，合理地搭建脚手架，帮助学生不断地、深入地研究某一问题，使学生亲历科学探究可能涉及的各阶段：提出问题、做出假设、制订计划、验证假设、得出结论、交流评估、分析和解决问题,在体验中完成学习任务。下面,我们结合案例详细阐述在课堂中开展探究式学习的五大策略。

4.5.1 情境创设策略

创设情境可有效地激发学生积极思考的动机和探究问题的欲望,促进学生提出探究问题。在创设情境时,要考虑以下几点:①教育性,要能够在该情境中提出有教育价值、探究价值的问题;②真实性,要创设与学生生活有密切联系的真实案例;③综合性,情境中的多种事物或要素之间的联系需要具备一定的复杂性;④挑战性,情境中的问题需要具备一定的难度;⑤激发学生的好奇心,情境中的问题如果是学生未曾预料的问题或与其已有认知相冲突的问题,就会激发学生进行思考,展开探究。

在下面这个案例中,教师在创设的情境中通过展示一个有趣的物理现象,促使学生积极思考,提出探究问题,并且在该情境中,教师巧妙地将不可见的声波转换为具体可见的烛焰的跳动,为学生开展探究提供了很好的切入点。

> **🔒 案例** | 《声音的产生与传播》教学片段[⊖]
>
> **1. 学习内容**
> 本节课课标要求:通过实验,认识声音的产生和传播条件。
> **核心内容**:声音的产生和传播。
> **学习重点**:声音产生的特征,声音传播需要介质。
> **学习难点**:探究实验的方案设计,体会科学研究的方法。
>
> **2. 学习策略**
> 本节课通过创设新颖的情境,将听声音变成观察声音,激发学生的好奇心,引发学生主动思考,提出探究问题。
>
> **【片段1】创设发现情境、提出探究问题**
> 教师展示舞动的烛焰,并让学生仔细观察,如图4-3。烛焰随音乐节奏的变化而变化,就像跳舞一样。好奇的学生就会思考,烛焰的跳动与节奏变化的声音之间可能存在怎样的关系呢?教师再引导学生将问题转化为可探究的问题,研究声音的产生和传播。
>
>
>
> 图4-3 舞动的烛焰

⊖ 卢海军. 丰富学习方式,聚焦核心素养:以"声音的产生与传播"教学设计为例 [J]. 北京教育(普教版),2021(11):68-70.

【片段2】创设生活情境，观察声音的产生

给学生布置任务：请学生用图4-4中提示的物品和自己身边的物品设计出操作物品发出声音的实验，并观察物体在发声和不发声时的变化，特别关注发声体发声部位的特征。学生在实验操作过程中，会自发地问道：声音是怎么产生的？根据观察，学生会归纳出声音可能是敲打、碰撞、摩擦、弹拨产生的。

橡皮筋　　直尺　　盛了水的小盆　　音叉　　小铜锣

图4-4　不同的发声物品

教师追问：为什么音叉、铜锣敲打停止以后，声音不是马上消失呢？发声物体发声时的共同特征是什么？引发学生思考交流，建立声音产生的概念。

本案例以物理实验为基础创设了新颖的探究情境，通过把不易观察到的发声体的振动转换为易观察的现象，使学生易于观察问题、发现问题并开展探究，从而体验物理知识的发现过程，使学生体会转换法和对比实验法的应用，促进学生科学思维的发展。

教师还可以使用海量的多媒体资料创建出多层次、丰富的情境。多媒体资料具有直观性、生动性和丰富性等特征，因而在吸引学生注意力方面具有明显优势。教师呈现出探究问题链，可以让学生投入精力去解决问题，提高课堂时间的利用率。用媒体资料创设情境并构建问题链，需要注意以下两点：

（1）媒体资料要紧扣学习主题。教师需要搜索、筛选或制作出与教学内容相关、紧扣核心概念和关键问题的媒体资料。

（2）问题链要体现思维进阶，符合学生的认识发展规律，既不能特别简单，又不能特别难，让学生能够在探究问题的过程中迈入其最近发展区，实现学习效果最大化。

案例　基于多媒体资源和问题链的探究——以高三地理一轮复习课为例

北京市建华实验学校　杨利超

1. 学习内容

本案例以高三第一轮复习中人文地理单元、区域发展单元和旅游地理单元不同模块学习单元为教学内容，引入纪录片节选、新闻报道片段、城市旅游宣传片、科普短视频等视频资源创设多样化情境，以问题链引导教学活动，让学生分析和解决问题。

2. 学习策略

此视频情境的创建紧扣复习主题，视频中的内容，起到了情境导入、呈现概念、原理解释、承转和意义升华等作用。视频内容中能蕴含一轮复习的核心概念和关键问题，这样为问题链的构建奠定了基础。问题链体现了学生知识深度和认知能力的进阶，通过问题引导教学内容展开和推进，吸引学生的注意力并激发学生的探究热情。

【片段】中国棉产业转移

（1）视频情境构建：教师以历史为线索，选取中国棉产业不同时期发展地域的变迁，特别取"东锭西移"这一视频新闻案例创建情境组织教学内容。为了让案例越具体越有说服力，教师特意播放新疆阿克苏地区"东锭西移——新疆棉产业发展"的新闻报道，创设真实情境。

（2）问题链引导教学：教师根据新闻和视频资料，提出四个层层递进的问题推进课堂教学活动，包括：①分析1929年在上海市市花评选中，棉花入选的原因；②新疆阿克苏地区承接"东锭西移"的优势条件；③说出"东锭西移"对东部地区经济发展的有利影响；④新疆大力发展棉纺织业，会面临哪些困难？请你根据视频资料试着提出有效的解决方案。

（3）学生表现：在学生观看"东锭西移——新疆棉产业发展"新闻报道时注意力高度集中，几乎没有"开小差"等问题发生；在问题链相关问题的合作探究中更是积极参与、开动脑筋，能够充分调用所学知识解释相关问题；特别是在最后提出发展建议中，学生还能从时政热点角度看待"新疆棉"问题，不仅为新疆发展棉产业建言献策，而且表达了深深的爱国情怀，传递了正能量。

本案例中，教师基于学习目标，仔细筛选出了具有针对性和启发性的多媒体资源，并为学生提供了层层递进的系列问题，引导学生进行合作探究。教学实验结果表明学生在分析和解决问题的过程中注意力高度集中，发展了高阶思维和地理核心素养。

4.5.2 进阶支持策略

探究式学习活动难度要适当，要让学生能够充分发挥自身所学和能力水平，并循序渐进。根据布鲁姆认知分类法，教学目标包括低阶思维目标（记忆、理解、应用）和高阶思维目标（分析、评价、创造）。教师要注意引导学生从多个角度去分析问题，从更高的维度去审视、批判别人的观点[一]。课堂活动的设计与实践也可以先从低阶目标入手，

[一] 王升. 研究性学习的理论与实践 [M]. 北京：教育科学出版社，2002：10-13.

进而转向高阶目标。教师可以参考以下两种方案：

（1）打破传统教学模式，将课堂进行翻转。教师可以尝试把一些低阶思维的教学活动（记忆、理解等）放到课前，让学生自主完成，课堂上的时间更多聚焦引导学生高阶思维的活动。例如，对比分析文章（或事物）相同和不同之处，通过观察、分析和理解归纳概括出原理（定义），阐明自己对某个观点的看法，对某个观点或看法给出支持的论据或者反对的论据。

（2）借助多种课堂活动激发学生的高阶思维。利用思维导图可以让学生把碎片化的知识结构化，制作思维导图的过程其实就是学生思维从低阶（理解）到高阶思维（分析、创造）的一个显性化过程；开展辩论赛，就某一个观点辩证思考，培养学生的批判性思维。

在下面案例片段中，教师先让学生自己去探索影响深远的科技发明这一简单的任务。随后，理解并对比分析文本，评价发明的意义，最后就"20世纪最具影响力的四大科学发明"进行辩论，整个过程学生的思维逐渐从"理解"的低阶思维向"分析、评价、批判性"的高阶思维转变。

> **案例** | **Scientific Breakthroughs教学片段**
>
> 北京一零一中石油分校　唐文越　李莉
>
> **1. 学习内容**
>
> 本课来自高中北师大2019版选择性必修四册第十二单元第一课阅读课，属于人与社会语境下的科学与技术主题群。通过本课的学习，学生可以了解20世纪四个重要科学发明及其研究过程，培养探究科学、崇尚科学的精神和正确的科学观。
>
> **2. 学习过程**
>
> （1）课前准备：由于"科学突破"相对学生的实际生活有一定距离，不经常提到，也很少见到。课前教师引导学生针对单元主题"Invention"先展开探讨，确定以"20世纪哪些科学发明对现在影响最大"为主题；学生以小组合作方式搜集话题资料。
>
> （2）话题汇报：使学生按照三个维度科学家（Who）、发明过程（How）及意义（Significance）进行汇报。这个教学环节旨在培养学生理解、应用等低阶思维能力。
>
> 文本阅读：汇报后学生再读文本，并就文本中的20世纪四大发明绘制思维导图后进行展示。
>
> （3）对比分析：在学生代表分享小组活动成果后，教师引导学生再次对比自己小组搜集汇报的发明和文本中的四大发明，从三个维度（Who、How、Significance）分析对比，思考哪个发明意义更重大。本环节以培养学生分析、评

价等高阶思维能力为目标。

（4）辩论探讨：分析过后，为了发展学生的批判性思维能力，教师组织学生举行小型辩论赛，正方论点为"20世纪最有影响力的科学发明为：相对论、青霉素、计算机和互联网"，反方论点为"20世纪最有影响力的科学发明为：×××（课前搜集的发明）和青霉素、计算机、互联网"，双方对这一题目进行辩论并陈述理由。最终教师引导学生发现无论哪种科学突破和发明都需要不断地探索和努力，都要有持之以恒的毅力和坚定的目标。

本案例通过让学生在课前搜集资料，课上对比分析阅读，打破了常有的从文本中挖掘深层意义的模式。学生从被动接受文本转变为主动探究的思维模式，通过对比探究得出科学发明的意义，更深刻地体会其价值。辩论赛的开展也促进了学生批判性思维和多元化思维的发展，充分发展了学生的语言能力和思维品质。

4.5.3 资源辅助策略

探究式学习的选题一般都具有较强的综合性和专业性，需要具有一定的背景知识或基础知识，而学生相关的基础知识可能并不充分，这就需要教师为学生提供相应的知识背景资源，并指导学生对该知识进行分析和应用，让学生能够对问题有一个整体认知，为设计探究方案做好知识储备⊖。教师可以直接为学生提供相关的知识资源，或者指导学生获取知识资源的途径与方法，包括书籍、网站、档案库和论文等。

> **案例** 小学体育学科融合探究式学习《如何投得更远》教学片段
>
> 北京市海淀区台头小学　陈雪莲　张赛楠　刘丽娜
>
> 1. 学习内容
>
> 本节课来自人教2013版《体育与健康》水平二第四章基本身体活动第三节投掷，属于体育运动技能板块。教材设计中只强调了动作方法，指出动作要点（蹬地、转体、肩上屈肘、快速挥臂），并未就影响投掷远度的因素做分析。本节课通过设立合理情境激发学生自主探究影响投掷远度的因素，指导学生在探究过程中，用好教师提供的体育、科学和数学背景知识，得出探究结论，并能根据影响因素结合课本知识提出合理的锻炼建议，从而让学生真正掌握投掷技能。
>
> 2. 情境设置
>
> 快到运动会了，如果由你负责你们班的训练，你将如何指导你们班运动员提高

⊖ 王升.研究性学习的理论与实践 [M].北京：教育科学出版社，2002：211-212.

成绩？基于这个问题，请组成团队展开猜想、设计实验验证猜想，并在实践后不断修正你们的实验。最终，通过科学的训练使团队的投掷成绩有所提高。

3. 为学生提供的理论支撑

四年级学生能够清楚地说出动作方法，能够组成团队，共同思考问题、设计实验并进行实践改进实验。但学生理论知识不充分、不系统，探究难以做到深入。本案例给学生提供了一些理论知识，供学生在设计实验时参考，以确保实验设计的科学性和可行性。提供的背景知识点、使用方法和设计目的见表4-3和表4-4。

表4-3 体育背景知识指导

提供的背景知识点	使用方法和设计目的
（1）正面双手头上前抛实心球的方法 ①动作要领；②用力顺序；③易犯错误；④练习建议 （2）投掷实心球单项技术分解 ①握球与持球；②预备姿势；③预摆；④最后用力 （3）易错点及纠正方法 ①投掷时腕指无力；②投掷时没有腾空；③偏离投掷方向 （4）力量训练的几点建议 发展投掷实心球的爆发力，可以从下列几个方面进行训练： ①发展局部肌群力量：俯卧撑、引体向上、卧推、举重物练习或爬竿；②发展腿部肌群力量：负重蹲立、蹲跳；③发展躯干肌群：仰卧起坐，俯卧收背，转体练习；④用哑铃或重物做上举后仰前摆的模仿练习	投掷技术理论是在给学生提出问题之后提供给学生的，让学生能够对自己探究的对象建立一个整体概念，让学生从体育实践课基础上有所提高，知道投掷方法，并对自己的动作有一个理论认知，为后面的探究做好铺垫 理论知识是在学生实验设计和实施过程中对动作进行修正时使用的，目的是通过标准化动作减少实验误差；通过有效的锻炼，增加变量的稳定性

表4-4 科学和数学背景知识指导

	提供的背景知识点	使用方法和设计目的
科学学科	（1）实验设计的原则 ①对照性原则；②随机性原则；③平行重复原则；④单因子变量原则；⑤平衡和消除额外变量原则；⑥科学性原则；⑦可行性原则；⑧要注意实验材料的理化特性；⑨实验设计应注意严谨性 （2）实验设计的基本方法 ①了解题目要求；②明确实验目的、原理；③确定实验思路；④设计实验步骤；⑤记录实验现象和数据；⑥分析得出结论 （3）变量的有关术语 ①自变量；②因变量；③控制变量；④干扰变量 （4）人体的骨骼、肌肉、关节相互关系及功能 （5）实验记录及结果的书写与总结 （6）实验报告的撰写规则	实验设计原则和基本方法是在学生接到探究任务，分组讨论开始设计实验的时候提供的，让学生的实验设计更加科学、减少误差 对于人体骨骼与肌肉的关系这部分科学知识是帮助学生在实验设计时有知识依据、在实践操作中准确测量变量 在实验开始时就将实验记录表和实验结果书写总结表提供给学生，让学生能够精确地记录实验数据，最后撰写出实验报告

	提供的背景知识点	使用方法和设计目的
数学学科	（1）角的测量方法 （2）距离的测量方法 （3）数据统计方法及表格制作	角的测量部分在学生实验过程中提供，使学生明确角度概念，并学会测量 提供距离的测量方法使学生的实验数据更真实、可靠 数据统计方法和表格制作有助于学生记录实验数据，并有利于实验结果分析

在上述案例中，教师提供了学生需要了解的知识、原理和实验设计方法，以便帮助学生设计、实施更加有用的计划。学生通过老师提供的理论知识去探究，进行有目标、有原则的训练，探究过程更聚焦，也避免了在不必要的地方消耗过多精力与时间。

4.5.4 游戏支持策略

利用游戏来开展探究有诸多优势，首先游戏能够塑造真实的问题解决环境，在替代危险场景的同时，为学生提供亲身体验的机会。另外，游戏的关卡能够作为任务驱动学生探究，给学生丰富的互动和交流的机会去自主探索。在探究式学习中应用游戏时应注意将游戏与课程相联系，注重反思和教师的指导作用。

游戏化探究式学习过程如图4-5所示⊖，分为三个阶段：①自主学习。学生熟悉游戏场景和游戏的基本操作，试玩游戏。阅读学习材料掌握基础知识。②合作探究式学习。小组合作在游戏中选定探究问题并开展探究。学生可以先自由探索游戏，随后对游戏体验进行观察反思，形成假设，通过游戏验证假设。验证假设的过程可能是反复多次的。③总结分享。教师组织学生总结分享自己的游戏探究心得与体会。

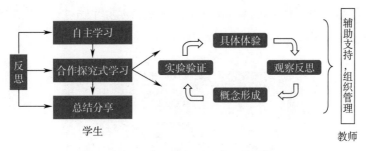

图4-5 游戏化探究式学习过程

在下面的案例中，教师将 *Bridge Designer*（桥梁设计）这一游戏引入探究式学习，这一游戏与学习内容"桥梁的形状与结构"有较强的关联。该游戏为学生提供了尝试搭

⊖ 蒋宇，尚俊杰，庄绍勇. 游戏化探究学习模式的设计与应用研究 [J]. 中国电化教育，2011（5）：84-91.

建桥梁、检验方案的可行性的机会，让学生在参与、体验和交流中探明设计桥梁的影响因素。

> **案例** 《桥梁的形状与结构》教学片段
>
> 北京市海淀区育鹰小学　蒋振东

1. 学习内容

本课来自教科版2001版六年级科学上册形状与结构单元第七课，属于工程与技术领域。通过学习本课，学生会认识桥梁有多种不同的结构，知道有的桥梁把多种结构合为一体，理解桥的形状和结构与它的功能是相适应的，不同的地理、材料、施工条件选择不同的形状。

2. 学习策略

结合本节课的教学重点与难点，对教材活动进行了改编，利用Bridge Designer桥梁设计游戏，通过筛选里面有代表性的关卡，设计一个与本课学习内容紧密联系的探究活动，使学生在模拟建桥过程中不断考量桥梁设计的多种限制因素，体会不同形状的桥梁的优势与不足。通过虚拟探究活动，学生真的如工程师一般沉浸在游戏情境中，能够不断地反复操作模拟搭建、总结经验。教师则通过任务单引导学生。学生学习主体地位更强。使用虚拟建桥软件可以使不易探究的课程转变为学生可以主动探究的学习活动，大大提升了学生探究的时效性，使学生从教师讲、学生听，同学讲、大家听的单纯讲授式学习活动中解脱出来，充分发展学生的创造力、想象力。

【片段】参与

（1）展示虚拟建桥软件，如图4-6所示。同学们，今天我们一起通过软件搭建一座桥梁。软件中模拟了一个跨度比较大的河流，而且下面是深谷。如果我们仅仅用框架结构造桥会怎么样呢？

图4-6　展示虚拟建桥软件

（2）教师展示软件测试：点击测试后，汽车在通过大桥的过程中大桥垮塌。
（3）教师引导：你观察到了什么？你有什么改进建议？
（4）学生提出利用拱形等结构完善大桥。
（5）任务要求：团队合作，设计一个方案，并画出简图，选择一个设计尝试探索。要求两辆卡车通过大桥。
（6）评价规则：
1）通过简图表达设计+2分。
2）能够通过模拟软件实施设计+2分。
3）一辆轿车成功通过大桥+2分，一辆卡车通过大桥+3分，全部通过计8分。

在下面这个案例中，教师设计了一个寻宝游戏，让学生在藏宝、给出宝物位置、挖宝的过程中体会了准确描述位置的方法。真实有趣的情境激发学生主动参与，寻宝的任务驱动学生开动大脑，设计出合理的提示方案，挖宝过程也让学生及时检验自己的方案是否有效。这个游戏包括三个环节，体现了游戏化探究式学习过程完整的步骤。在第一个环节，先让学生通过简单的游戏进行自主学习，熟悉游戏。随后，教师引导学生进行回顾反思，总结规律。最后，学生进行实证探究，再次通过游戏验证假设，深化知识学习。这个游戏与课程内容的结合非常紧密，并且游戏实施起来也比较容易，值得参考。

🔒 案例　《运动与位置》教学片段

北京市海淀区育鹰小学　蒋振东

1. 学习内容

本课是"物体的运动"单元的第一课。学生通过学习应该知道物体有"静止"和"运动"两种状态，可以用相对于另一个物体的方向和距离来描述运动物体在某一时刻的位置。

2. 学习策略

游戏化学习与科学探究相结合，使学生始终围绕素养目标开展游戏活动。

【片段1】合作体验——藏宝，描述位置，寻宝

学生协作玩藏宝游戏：学生藏一个宝物，然后给伙伴设计一个藏宝提示，看看伙伴能不能找到宝藏。

游戏规则：
1）给予寻宝者指导而不是明确的位置。
2）可以将信息转换为简单的图纸或者提示语。

在游戏体验活动中，学生体验如何描述位置。同学们开动脑筋，有的学生画出了教室的结构图，并标出了从教室门口到宝物的路线；有的学生画出了东西南北方向示意图，并用文字描述了宝物的方向和距离，逐步形成自己认为好的方法。

【片段2】聚焦问题、交流讨论：以描述宝箱为例思考怎样更好地描述位置？

（1）教师展示同学们的作品，呈现各种描述宝箱位置的方法。

（2）交流：大家在课间玩了寻宝游戏，很多同学用各种方法描述宝箱的位置，有些将信息隐含在数学公式或者诗句中，非常有创意。老师更关注这一类，通过描述位置设计寻宝指南。你认为哪种藏宝图能够帮助你找到宝藏的位置？

（3）学生通过观察找到共性描述位置必须有参照物，尽量描述清楚宝物相对于参照物的方向与距离。

（4）引导学生提出观点：

学生1：通过玩游戏，我认为要描述清楚方向有利于寻宝人找到位置。

学生2：我在寻宝的时候发现，不但要描述方向，还要告诉我走多远。

教师：科学上把走多远称作什么？

学生：距离。

学生3：我认为，除了方向与距离，还得说明从哪里出发。

教师：是这样吗？我们把这个点叫作参照物。

学生总结观点：我们可以通过描述相对于参照物的方向与距离描述宝箱的位置。

通过教师的引导，学生对游戏进行反思逐步进入论证的第一步：提出观点。

【片段3】实证探究——用科学方法描述位置，玩寻宝游戏

（1）玩藏宝与寻宝游戏验证观点。

（2）探究装置：卷尺、指南针。

（3）游戏过程：小组在沙盘中藏一个宝箱，准确描述宝箱的位置。看看寻宝人能不能根据位置信息找到宝箱的位置。

通过寻宝游戏，学生验证自己提出的描述位置方法是否正确。

学生1：我们找到了宝藏的位置，有一组为我们清楚地描述了参照物，我们从参照物出发找准了方向，测量了距离，就找到了宝箱。

学生2：有的小组只描述了参照物和相对于参照物的方向，我们沿着方向找了好久。

教师：描述位置需要描述哪些信息？

学生：参照物，相对于参照物的方向与距离。

在下面的这个案例中，教师通过角色扮演的方式让学生进行"鸡兔同笼"游戏，激发了学生的兴趣，提升了学生的参与感。这个游戏非常贴近生活实际，能够激发学生的热情，集中学生的注意力。这个游戏让学生形象地展现出鸡和兔的肢体数量特征，降低了学生的认知负荷，将注意力聚焦在问题的核心上，从而展开探究，最终达到教学目标，完成教学任务。

案例　　　　　《鸡兔同笼》教学片段节选

北京交通大学附属小学　　王兴杰

"鸡兔同笼，共有10只，腿有32条，问鸡、兔各多少只？"鸡兔同笼问题是中国传统文化中的经典题型。学生在探究过程中，采用角色扮演的游戏方式进行探究。

1. 假设法

先让学生实际扮演鸡和兔。假设全是鸡，10名同学先扮演鸡，让同学们数一数有多少条腿。20条（2×10=20），与实际相差12条（32−20=12），为什么？因为每只兔比每只鸡多2条腿，6只兔就多出12条腿（12÷2=6），于是其中的6名同学扮演兔子，再让学生数一数，发现正好32条腿。因此，共有6只兔和4只鸡。

2. 抬腿法

10名同学扮演鸡和兔，请同学们想一想：他们都抬起2条腿会出现什么情况？同学们哄堂大笑，然后争论起来，最后达成一致：有些同学会趴在地上（扮演鸡的同学会趴在地上），还站着6人也就是6只兔（32−2×10=12，12÷2=6）。因此，共有6只兔（站着的是兔）和4只鸡（趴在地上的是鸡）。

4.5.5　支架搭建策略

在探究式学习中，教师要充当辅助者、引导者的角色，给学生搭建支架。搭建支架主要分为如下几个步骤：①探究的开始应从学生已有知识出发，解决最容易的问题。②让学生独立思考并探索学习，初步厘清所学知识。学生在自主学习中遇到障碍，则需要教师为其适时指导。③在学生探索得到结论后，教师不要急于评判，让学生分组进行交流。在讨论交流后，教师进行适当讲解。④搭建交互型支架和评价支架，通过自我评价、学生互相评价从而引发反思，最后得出本节课的结论并进行知识建构，结合教师评价判断是否达到教学目标、突破难点。

在下面的案例中，一个有趣的探究问题贯穿始终。教师从学生已知的正方体的面积和体积计算公式出发，帮助学生掌握乘方的计算公式。随后，让学生运用所学知识解决一开始提出的探究问题。学生在运用所学知识的过程中，进一步理解了抽象的有理数乘方知识。另外，详细深入的探究过程也让学生记忆深刻。

案例　　　　　有理数的乘方

北京一零一中　何欣　张慧

1. 学习内容

《有理数的乘方》这节课选自人教版数学七年级上册第一章第五节的内容，从教材编排上看，共需要三个课时，此课为第一课时。乘方是有理数的一种基本运算，是在学生学习了有理数的加、减、乘、除运算基础上学习的内容。

2. 学习策略

本课从一个有趣的猜想——"把一张厚度为0.1mm的纸，连续对折30次的厚度相当于珠穆朗玛峰（8848.86m）的高度"导入，在激发学生好奇心的前提下让学生充分发挥主观能动性展开探索和研究，企图验证或者推翻这个猜想。

通过六个环环相扣的问题支架，激发学生思考。"有没有简单记法和读法，幂的书写规则是什么，幂的符号规律是什么，使用计算器计算乘方的方法是什么，验证猜想。"

【片段1】引导学生掌握基础知识

（1）教师。

1）边长为a的正方形的面积是多少？

2）棱长为a的正方体的体积是多少？

a可记为a^1，读作a的一次方。

$a \cdot a$记作a^2，读作a的平方（或二次方）。

$a \cdot a \cdot a$记作a^3，读作a的立方（或三次方）。

$a \cdot a \cdot a \cdot a$记作$a^4$，读作$a$的四次方。

（2）问题：请猜想n个a相乘如何表示呢？

（3）学生：在教师的引导下，回顾学过的面积、体积问题，观察其读法和记法，类比猜想出n个a相乘的读法和记法。

（4）教师：肯定学生们的猜想结果，引出概念，并总结本单元的有理数运算。

概念：这种求n个相同因数的积的运算叫作乘方。

表示：$\underbrace{a \cdot a \cdots \cdot a}_{n\text{个}} = a^n$

（5）师生一起回忆学过的运算方法及运算结果的名称，见表4-5。

表4-5 运算方法与结果的名称

运算	加	减	乘	除	乘方
结果	和	差	积	商	?

（6）学生：在教师的引导下，认识新概念，认识各个符号代表的含义，同时建构比较完整的本单元有理数运算的知识体系。

（7）教师：乘方的结果叫作幂。介绍底数和指数的位置及相应含义。

【片段2】分组讨论，验证猜想

（1）问题：运用乘方运算知识，尝试解决课堂最开始时提出的疑问，如"把一张厚度为0.1mm的纸，连续对折30次的厚度相当于珠穆朗玛峰（8848.86m）的高度。"

（2）学生探究：学生运用刚刚所学的知识对此问题进行分析讨论，合作探究，并展示方案，总结反思。

（3）教师根据学生探究情况进行指导提示。

在此案例中，片段1从学生的最近发展区出发，在学生已知领域基础上对知识进行扩展，通过类比猜想的推理方式，大胆进行猜测，进而完成知识的迁移过程。片段2以问题的形式引导学生自主学习，充分展示学生的真实想法，在思维碰撞中习得知识，目的是让学生对知识的产生有真正的理解，最后用已学知识解决课前提出的问题，搭设支架，引出有理数混合运算问题，为后续运算顺序的教学做好铺垫。

开展探究式学习对于刚接触这种学习方式的师生而言不会是一件简单、一蹴而就的事情。教师需要结合学情、教学内容、自身教学风格、可利用的资源，以及教学时长等多种因素在实践中不断打磨自己的探究式教学设计，学生也需要一定的时间去逐步发展探究技能。同时，还涉及师生对于教学和学习观念的转变。但在如今时代对未来教师和未来人才的新要求下，这样的尝试与努力是有意义的，也是必经之路。本章介绍了探究式学习的基础理论，以及相关的学习科学发现，并结合案例阐述了开展探究式学习的五大策略，相信能够给老师们开展探究式学习提供理论和实践方面的借鉴。

4.6 本章结语

在如今这个智能科技高速发展的时代，信息和知识触手可及。未来对人才的要求已不仅仅是知识储备量，而是更加关注其能力水平，尤其是解决问题、发现知识的能力。探究式学习强调学生自己探究、发现知识，重视发展学生的能力，与未来人才需求不谋而合。通过本章的内容，相信您已经对探究式学习的基本理论和实践策略有了一定的了解，是不是也想在自己的课堂上跃跃欲试了呢？值得注意的是，开展探究式学习相比传统学习有一定的难度，需要通过不断地尝试、反思、改进教学来积累实战经验，才能逐渐成为一名开展探究式学习的小能手。这个过程其实也是一个探究式学习的过程，相信您一定会在这个过程中深入自身对于发展学生高阶思维能力的理解，并提升自己的课堂教学实践能力。

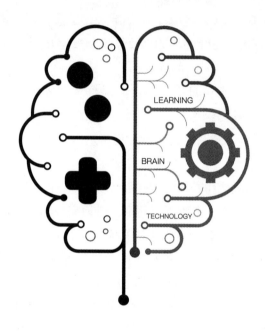

第5章

自主学习

【本章导入】

在人工智能时代,迫切需要培养学生不被智能机械取代的能力。自主学习（self-regulated learning，SRL）能力是当下教育的主要目标之一。中国学生发展核心素养和中共北京市委教育工作领导小组印发的《北京市关于深化育人方式改革推进普通高中多样化特色发展的意见》通知中明确强调学生自主发展的重要性，强调学生要能有效管理自己的学习和生活，认识和发现自我价值，发掘自身潜力，将激发学生学习内驱力，提高学生自主学习能力作为重点任务之一。

学生的自主发展涉及学习中的意识、方式方法和评估调控等方面的综合表现。在《义务教育课程方案（2022年版）》培养目标中，义务教育要使学生"有理想、有本领、有担当"。"有本领"表现为乐学善学，勤于思考，保持好奇心与求知欲，初步掌握适应现代化社会所需的知识与技能，具有学会学习的能力。这也作为"自主发展"的有效方式、途径和保障，体现了学会学习的能力水平。在这个过程中，学生对自己的学习状态要进行审视、反思总结、调整策略，掌握适合自身学习的方法，形成终身学习的意识和能力。

我们应该如何认识自主学习，如何组织开展自主学习，如何评价自主学习的效果呢？本章就从自主学习的关键概念和历史发展谈起，系统梳理自主学习的核心价值和典型案例，介绍自主学习的主要研究内容和一线教师在教育教学过程中的应用案例，分析其发展趋势，协助教师了解和掌握自主学习的相关概念与策略。

【内容导图】

本章内容导图如图5-1所示。

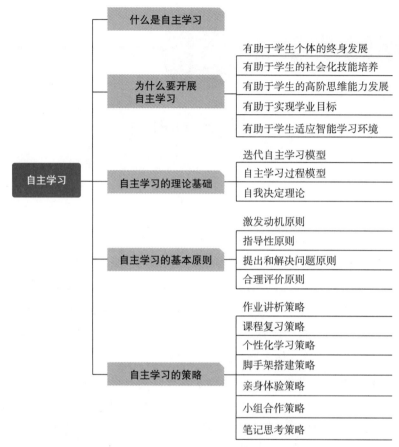

图5-1　第5章内容导图

5.1　什么是自主学习

自主学习和我们耳熟能详的合作学习、探究学习、项目式学习都是新课程改革追求和倡导的学习方式。自主学习具体是指学习者自己确定学习目标、制订学习计划、选择学习方法、监控学习过程的学习方式。从行为主义心理学角度来看，自主学习包括三个过程，分别是自我监控、自我指导和自我强化。从现代学习理论角度来看，自主学习包括学习动机、学习内容、学习方法、学习时间、学习过程、学习效果、学习环境和学习社会性八个维度[一]。

㊀ 靳玉乐. 自主学习 [M]. 成都：四川教育出版社，2005：11.

不少学者也针对自主学习这一领域进行了深入研究。宾特里奇提出,自主学习者应具备四个特征:能够从内部和外部获取信息并主动建构自己的目标策略;能潜在监控调节自己的认知、动机、行为和环境特征;能评价自己学习效果并做出调整;能调整、协调个人和环境,以及结果的关系等。齐默曼提出了自主学习的循环阶段模型,强调学习者的动机信念会驱动整个过程并激活学习策略,应用自我控制策略,可以保持完成任务所需的认知参与和动机,反思任务表现、分析学习效果及得失成因。

自主学习并不等同于师生耳熟能详的"自学",这是因为自主学习是在一定教学条件下进行的,学习方法是有计划的,学习时间是有效的,学习结果体现学习者较强的自我意识⊖,而且可以随时获得教师和同学的帮助,这些都区别于"自学"过程的表现。由此不难发现,培养学生的自主学习意识,组织开展自主学习,要以一定的心理发展水平为基础、以充分激发学生内在学习动机为前提、以指导学生掌握学习策略为保障、以形成学生意志控制为条件,方可有效通过自主学习获得预期学习效果。

5.2 为什么要开展自主学习

自主学习是一种积极能动的学习,是一种时间和空间泛在且无限制的学习,是一种凸显个性和主体性的学习,是一种支持终身学习的基础性学习方式。

5.2.1 有助于学生个体的终身发展

终身学习为学习者提供了深远而广博的学习空间和学习机会,这既有利于学习者因个体差异在不同阶段表现出积极的学习效果,也为学习者提高学习质量创造了条件。自主学习为个体的终身学习提供了方法和途径。学习者在自主劳动中,才能更好地以一种全面的方式,表达自己全面的本质。通过自主学习,学习者能够认识到学习的重要意义,能够清楚学习目标和学习活动的价值,能够有效利用人力和物质资源,能够约束调控学习行为,这些都是终身学习赋予个体发展所需的关键能力。

5.2.2 有助于学生的社会化技能培养

为适应瞬息万变的社会发展,未来社会需要每一位公民都具备自由获取学习、训练和培养自己的方式和能力,每一位公民都必须具备不断学习新事物、新知识的能力。这不仅关系到人们追求美好生活的需要,而且可以满足人们寻求发展的精神需要,是社会进步的重要特征之一。建立学习化群体和学习化社区,使公民懂得自主学习、能够自主学习、擅长自主学习,将更好地推动学习化社会的形成,这必将推动社会进步并且可持续发展。

⊖ 郑金洲. 自主学习 [M]. 福州:福建教育出版社,2008:23-35.

5.2.3 有助于学生的高阶思维能力发展

近年来,新高中课程改革如火如荼,义务教育阶段课程改革紧随而至。《北京市关于深化育人方式改革推进普通高中多样化特色发展的意见》中指出,要构建全面培养体系,提升智育水平,尤其是研究推广科学的学习方法、高效的教学方法和先进的学生评估方法,注重激发学习内驱力,提高学生自主学习能力,这已成为新高中课改的重要任务之一。在"普通高中学校办学质量评价指标"中,关于课程教学方面对自主学习也提出了新要求,将自主学习作为能力发展的有效途径之一,能够有效培养学生全面发展的能力、提升学生的高阶思维能力,进而优化课程教学。

5.2.4 有助于实现学业目标

研究发现,自主学习过程与脑机制存在关联,自主学习过程涉及奖励、惩罚等规则,这些都与大脑机制息息相关,了解认知神经科学的研究成果,有助于开发基于人类大脑的、更为精准的自主学习决策模型[1]。通过对文献的梳理,获悉自主学习相关的理论。在有关自主学习的综述和实证研究中,很多都提及"学习目标"这一关键词。不少研究指出,自主学习在帮助学习者实现学习目标方面具有重要作用[2]。

5.2.5 有助于学生适应智能学习环境

随着互联网、平板电脑、手机、网络课堂等越来越多电子设备的开发与应用,我们逐渐进入了智能设备支持的学习时代,智能学习环境成为广泛应用的学习环境之一。不少研究提出,自主学习是影响学生学习过程成功的关键因素之一。佩雷斯-阿尔瓦雷斯(Pérez-Álvarez)等对智能学习环境中的自主学习进行了深入研究[3],探究在线学习过程中提升学习者思维策略、激发元认知和学习动机、支持自主学习形式等内容。他们指出,在自主学习中,学习者能够主动学习和自我反思,观察父母、教师、同龄人或参与者的行为,并与之发生交互,这种对学习过程的调控能够提升教育实效性。他们还提出,智能学习环境中的自主学习的本质是通过学习个性化和技能开发,为学习者的学习成就和进步提供支持。

---

[1] STALLEN M, SANFEY A G. The cooperative brain [J]. Neuroscientist, 2013, 19(3): 292-303.

[2] BAHREMAN V, CHANG M, AMISTAD I, et al. Design and implementation of self-regulated learning achievement: attracting students to perform more practice with educational mobile apps [J]. State-of-the-art and Future Directions of Smart Learning, 2016(30): 263-267.

[3] PÉREZ-ÁLVAREZ R, MALDONADO-MAHAUAD R, PÉREZ-SANAGUSTÍN M. Tools to support self-regulated learning in online environments: literature review [J]. In European Conference on Technology enhanced Learning. Lifelong Technology-enhanced Learning, 2018(5): 16-30.

5.3 自主学习的理论基础

自主学习理论涉及认知主义心理学和社会学习理论，其中元认知和自我调节的概念化为自主学习奠定了理论基础。自主学习理论模型有很多，齐默曼（Zimmerman）、温内（Winne）、哈德温（Hadwin）及平特里奇（Pintrich）等学者从不同视角构建了不同的理论模型[一]。由于篇幅有限，本书介绍其中常见的两种理论模型和近年经常被国内外学者探讨的自我决定理论。

5.3.1 迭代自主学习模型

温内和哈德温认为自主学习是指有意识地、有策略地调整学习活动，以达到学习目标。学习者通过运用他们预测会成功的学习策略进行自我调节。如图5-2所示，温内和哈德温认为SRL在四个灵活有序和迭代的阶段中展开，分别是定义任务、目标或计划、研究方法、调适[二]。任务条件是指任何与任务有关的且对学习者来说是外部影响的条件。资源、教学指引、时间、社会情境都列为任务条件。认知条件是学习者从长期记忆中检索出来的信息。

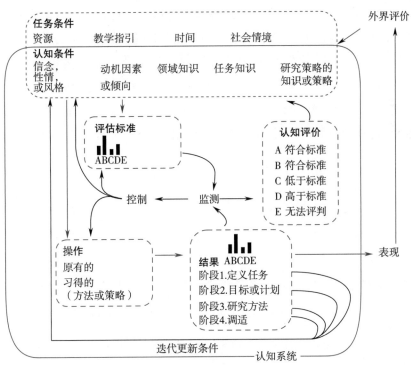

图5-2　温内和哈德温的迭代自主学习模型

[一] 孙佳林，郑长龙. 自主学习能力评价的国际研究：现状、趋势与启示 [J]. 比较教育学报，2021（1）：67-84.

[二] WINNE P H, HADWIN A F. Studying as self-regulated learning [M]//HACKER D J, DUNLOSKY J, GRAESSE A C. Metacognition in educational theory and practice. New, Jersey: Erlbaum, 1998: 277–304.

在第一阶段，学习者确定他们所认为的指定任务和完成条件。在第二阶段，学习者建构了对任务的认知，并在此基础上设定自己的目标。在第三阶段，学习者开始参与任务，采取步骤来实现目标。在第四阶段，可以对之前的阶段进行大规模改变，包括改变元认知知识，以提高当前和未来任务的成功率。在每个阶段，温内和哈德温假设学习者参与元认知监测。例如，在第一阶段，学习者可能会重新检查外部资源或他们对任务的了解，修改他们对作业的描述。当后一阶段的元认知监测发现学习者认为存在很大的差距时，学习者会退回前一阶段进行调整——这是他们模型的迭代属性[1]。

5.3.2 自主学习过程模型

齐默尔曼认为，学生的自主学习是指他们在元认知、动机和行为上积极参与学习过程[2]。例如，高度自主学习的学生会产生有利的元认知策略，发展积极的自我价值动机，并修正无效的行为以达到他们的学习目标。尽管许多理论，如元认知、社会认知和行为主义理论，对自我调节过程的论述有分歧，但齐默尔曼认为元认知、动机和行为都是重要的组成元素[3]，并概括了自主学习的三个阶段和过程[4]：预想、表现控制和自我反思。预想阶段指的是在学习之前的自我调节过程和信念，并为学习创造条件。表现控制阶段指的是伴随学习并寻求控制的自我调节过程和意志信念。自我反思阶段指的是在表现之后的自我调节过程和信念，但为随后的学习周期创造条件，如图5-3所示。

此模型的意义在于，首先它强调学习者的自我效能。学习者能够从可控过程和学习结果中获得个人反馈，并在适应性努力中掌握自我调节的能力。其次，它是互动的，因为它使学习者能够解释不同的元认知过程和动机来源之间的阶段和内部关系。最后，它是基于事件的和动态的，因为它可以用来测量和指导学习过程中实时发生的干预措施[5]。

---

[1] WINNE P H, HADWIN A F. Self-regulated learning and socio-cognitive theory [J]. International Encyclopedia of Education, 2010: 503-508.

[2] ZIMMERMAN B. Becoming a self-regulated learner: which are the key subprocesses? [J]. Contemporary educational psychology, 1986, 11（4）: 307-313.

[3] ZIMMERMAN B. Self-regulated learning and academic achievement: an overview [J]. Educational psychologist, 1990, 25（1）: 3-17.

[4] ZIMMERMAN B, LABUHN A. Self-regulation of learning: process approaches to personal development [M]//APA educational psychology handbook. Theories, constructs, and critical issues. American Psychological Association, 2012（1）: 399-425.

[5] ZIMMERMAN B J. Goal setting: a key proactive source of academic self-regulation [M]. London: Routledge, 2012: 267-295.

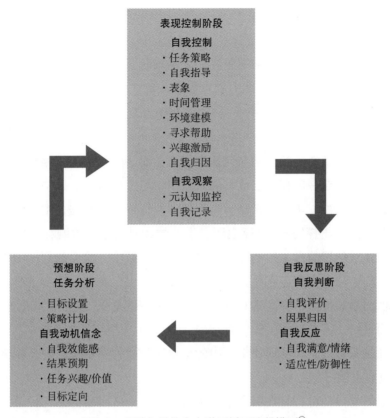

图5-3 齐默尔曼的自主学习循环阶段模型[1]

5.3.3 自我决定理论

自我决定理论是一种宏观层面的人类动机理论,旨在解释社会背景下人类的需求、动机和幸福感的动态变化[2]。该理论认为,三种基本的心理需求:自主性、能力和关联性,决定了个人是否采取行动的动机。自主性指的是个人能够控制自己的选择,并努力朝着自己认为最充实的方向前进的感觉;能力指的是相信自己、知道自己在做什么,能够完成一项任务,并拥有成功所需的知识和技能;关联性指的是对重要的他人、团体或物体的归属感或联系。需求越是得到满足,自主动机就可能越是自我决定的。

---

[1] ZIMMERMAN B, LABUHN A. Self-regulation of learning:Process approaches to personal development [M]//APA educational psychology handbook. Theories, constructs, and critical issues. American Psychological Association, 2012 (1):399-425.

[2] RYAN R M, Deci E L. Self-determination theory:basic psychological needs in motivation, development, and wellness [M]. New York:The Guilford Press, 2017:101-110.

5.4 自主学习的基本原则

引导学生开展自主学习，帮助学生在面对困难时要主动利用自己的能力，在完成学习任务中使用元认知加强自我调节能力和自主学习能力，可遵循以下几个原则。

5.4.1 激发动机原则

由于自主学习涉及学生的认知与元认知能力，而情绪与认知是相互关联的，因此学习过程中的学业情绪在一定程度上也可能对自主学习产生影响。一项实验研究对学生在学习过程中产生的愉悦、焦虑、无聊等离散的学业情绪，及其与自主学习和学业控制感之间的中介关系进行了探究[⊖]。研究表明，学业情绪对自主学习既存在中介作用，也存在调节作用。在对学习的自主控制感与自主学习的关系中，愉悦起到了中介作用，而焦虑和无聊则起到了调节作用。在此基础上，研究者提出，要想促进自主学习，需要教师努力减少学生的消极情绪，提高其对学习过程的可控性意识。除此之外，针对焦虑和无聊这两种负面情绪，需要为学生提供有趣的、有用的、适当挑战性的学习任务，以及创造一个支持性的课堂气氛，从而使学习中的愉悦感和成就感不被忽视，积极情绪得以激发，从而促进自主学习。

激发学生的学习动机，是在引导学生愿意忍受迷失或困惑的感觉。激发学习动机不仅能有效促进学生朝着学习目标前进，也能在一定程度上影响和塑造学生的学习习惯与行为。在课堂教学和课外实践中，留给学生调查、推理、分析和分解学习内容的时间，可以激发学生学习的好奇心和参与感。在一定程度上鼓励学生"天马行空"，使他们更有创造力和创新性，也能让其学习取得重大进展。在自主学习过程中，不断地提问、探索、发明、调查、挑战和合作，促使学生群体彼此积极连接，相互支持团结在一起，这种支持会使学生自主学习的动机表现得到改善。

5.4.2 指导性原则

在学习过程中，学生应该对学习目标和学习任务等有比较清晰的认识与了解。但是，由于自主学习在很大程度上需要学生自己制定计划、监控学习过程，具有一定的"自由度"和"自发性"，导致学生在完成学习任务时，并不能保证自己的行为始终都不偏离学习目标。因此，教师在合适的时间节点给予学生适当的指导与帮助，在自主学习中显得尤为重要。正确的指导和支架式教学能够让学生及时对学习目标、学习进度和学习情况进行回顾、反思与自我把控，帮助学生寻找和总结适合自己的学习方式与学习

⊖ YOU J W, KANG M. The role of academic emotions in the relationship between perceived academic control and self-regulated learning in online learning [J]. Computer & Education, 2014（77）: 125-133.

策略，有助于学生发挥最大的潜能。

5.4.3 提出和解决问题原则

提出问题和解决问题往往是创造过程中的重要一步，也可把其看作提升能力的机会，学生由此可以找到"发现困难的乐趣"[1]。学生在自主学习过程中，会经历发现问题、提出问题、分析问题和解决问题等环节。在教学过程中，教师应鼓励学生积极主动地探究和发现问题。应该注意的是，提出问题是学生需要掌握的最基本的方法之一，教师应引导学生不只提出那些对重要事实、概念和程序知识回忆的问题，也要提出更广泛的高阶问题，并尝试通过自己的努力或小组协作来解决问题，从而让学生可以更好地进行分析和创造。

5.4.4 合理评价原则

自主学习的评估，是强调由学生主导的元认知过程，即学生要在已有的标准下清晰识别自己的学习状态，通过反思寻求反馈以提高学习效果。在自主学习评估的过程中，要关注新信息与已有知识的关联，让学生能够应用已有知识理解新信息，并借助学科语言分析、比较和表达，通过自我批评和纠正，在相互合作中共同进步。合理评价的目的是为了开展新的学习，开展更有效地学习。因此，评估应建立在"有明确目标和完整计划，可解决问题的自主学习"基础上，教师协助进行指导，提供高质量的互评与自评模型，帮助学生继续开展学习。

5.5 自主学习的策略

5.5.1 作业讲析策略

自主学习的作业讲析策略是指学生通过对作业完成过程的分析和讲解，形成自身对知识技能的进一步理解的一种自主学习策略，能够让学生把自己的所思所想所做真正表达出来。通过亲历，学生把自己的所学所想在师生面前展示、讲解和分析。一方面，学生的主动学习能够进一步激发其创造性思维，认识并发现知识漏洞；另一方面，可以巩固学习所得，对所学知识不断完善[2]。这既是自我认可的过程，也是获得他人认可的过程，更是对知识吸收转化的过程。通过这种方式，可以使学生深度理解知识并应用。

---

[1] 斯蒂德，萨瓦哈尔. 教会学生自主学习：在课堂中实践成长型思维的实用工具包 [M]. 白洁，译. 北京：中国青年出版社，2021：23-25.
[2] 朱彤. 从几个案例谈数学复习课教学设计的创新 [J]. 数学教学研究，2009：28（7）：23-26.

在此过程中，需要注意两个方面：①具有清晰目标导向的练习；②具有针对性的评价反馈。通过作业讲析，可以提高学生对学科的认知能力和思维能力，使学生养成了良好的自主学习习惯。学习需要重视自主学习意识的培养，这种意识的建立可以有效地提高学生的自主学习方法，端正学生的学习态度，养成更好的自主学习习惯。

图5-4展示了习题类、实操类、试卷分析类三种不同类型的作业讲析流程。

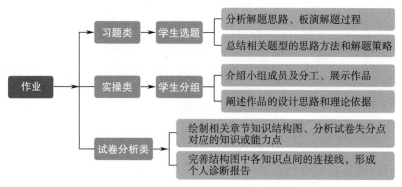

图5-4 各类型作业讲析流程

在下面的案例中，教师分别针对八年级数学中与不同知识点相关的习题、实操和试卷分析三种不同类型的作业开展讲析策略。

> 🔒 **案例** 《勾股定理》之立体图形表面爬行求最短路径问题
>
> 北京市育英中学 张洁
>
> **1. 学习策略**
>
> 案例属于习题类作业，是目前被广泛应用的作业形式之一。对学生来说，习题练习也是必要的环节。但是，我们时常发现学生的作业习题经过教师的批改和改错后，在遇到类似的问题时，仍然不尽人意。采用作业讲析的方法，帮助学生提高自主意识，提高对习题解答方法的理解和掌握，增加"讲析"环节，意味着把习题所涉及的知识和技巧增加了消化和输出的过程。学生自己"讲析"和听别人"讲析"的过程都是再学习、再提升的过程。
>
> **2. 学习过程**
>
> 小组内的每位同学挑选一道相关内容的题目进行讲析，除了解答过程，更重视解题思路和归纳反思的讲析，配合他们自己画的图解有针对地分别分析这类问题的解题思路，利用归纳的方法掌握这类题目的思想精髓，从而达到不断清晰思路、不断总结提升、应对变化、熟练运用的目的。

> 案例　　《轴对称》之"测平仪设计与制作"

北京市育英中学　张洁

1. 学习内容

本节课的内容是轴对称，是数学与现实密切联系的重要内容，也是对轴对称这一课程内容的巩固和应用。本课学习目标是，使学生通过研究真实的问题，对所学知识进一步理解和消化，在巩固新知的基础上，提高学生对知识进行迁移和应用的能力。

2. 学习策略

案例属于动手操作类的作业，通过小组成员的分工、对目标操作的猜想及论证过程、实际制作的困难及解决办法等不同角度进行这一类作业的讲析，通过小组活动的自主设计、推进及反思，促进学生自主学习的积极性和有效性。

3. 学习过程

学生自愿结组，在讲析现场准备了逻辑推理证明、实物演示实验、现场组装讲解等不同形式，取得了良好的效果。

> 案例　　《分式》小测试诊断报告

北京市育英中学　张洁

1. 学习内容

本节课的内容是对八年级数学中"分式"知识点相关考试试卷进行回顾，使学生通过测试后的改错和反思，让自身知识系统化，检验所学，查找不足，其关键在于促进学生对系统知识的理解。学生理解知识与对知识的认知、迁移和运用有着密切关系。在理解的基础上，学生才能够对知识进行迁移和应用，在迁移和运用知识的过程中，也能够体现出学生对知识的理解程度。

2. 学习策略

案例属于试卷分析类作业。一方面，通过让学生用思维导图这一可视化的形式对改错和反思的过程进行讲析，协助其理解和知识内化并构建认知结构，帮助学生自主地对试卷考查的内容进行整理。另一方面，促进学生诊断问题解决过程中出现的障碍，促进其自身对核心知识点的识别和理解，提升自身解决问题的能力，进而提升学生自主复习的积极性和有效性。

3. 学习过程

（1）学生独立改错，并分析每道题涉及的知识点。

（2）绘制本知识点结构图，将测验中的题号在图中标注，同时完善自己的知识结构图，如图5-5所示。

（3）根据自己的错题在知识结构图中的位置，分析知识漏洞，完成自己的诊断报告。

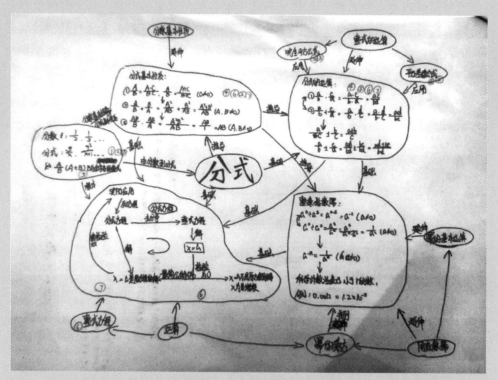

图5-5　学生诊断报告样图

学生作业讲析策略有助于培养学生的学科素养。在核心素养导向下的教学方式变革，有助于学生向主动学习方式转变。作业讲析使学生在理解基础上进行自主学习，摆脱死记硬背，这无疑提高了学生的创造性思维，能够更加灵活地运用知识解决问题。

学生作业讲析策略能更好地发挥学生的主动性。在学科家庭作业中，避免长期以习题为主的局面，避免知识与思维的脱节，更好地让学生主动运用知识，给足时间去查找资料，以及尝试解决真实的问题，领会知识间的内在联系，激发学生的兴趣。

学生作业讲析策略能更好地促进师生之间以及生生之间进一步交流和讨论。教师可以在讲解过程中站在学生的角度去理解学生的思维，启发学生发现自己的问题所在。学生也可以站在教师的角度去评价其他同学的做法，与自己的思路进行对比，这种角色适度的互换有助于提高学习的效率，更有利于学生自主学习习惯的培养。

5.5.2 课程复习策略

衡量自主学习能力有多个维度标准,但学生的自主学习能力很大程度上体现在文化课的学习上。初三、高三是学生在中学期间最为关键的两年。这两年有大量的时间用于复习,培养并提高初三、高三学生自主学习能力,对其提高学习效率、获得优异成绩至关重要,对学生在未来高效学习、终身学习大有裨益。

与新授课不同,在复习课上学生已有一定的知识基础,但每个学生对知识的记忆和理解水平千差万别。教师以讲授为主,面向中等水平的学生备课,很难兼顾优秀学生和学困学生。久而久之则对学习程度分化较大的班级的学生,复习的效果不甚理想。毕业年级练习和讲评占据师生大部分教学时间,如何激发学生主动学习、自主学习,从而提高复习效果呢?自主学习的课程复习策略主要以学习科学中问题驱动、参与、倾听与共享、归属感、详细阐释等学习科学原理为基础,通过建立学习互助小组,让学习能力突出的学生带动学困学生,给优秀学生知识输出的机会,给学困学生以同伴的关注、支持和鼓励,从教师单方面推动教学,变为以教师推动复习教学为主,以相对优秀学生多人驱动为补充,以期提高课堂学习效率,提升整体学生学习效果。图5-6展示了自主学习的课程复习策略流程⊖。

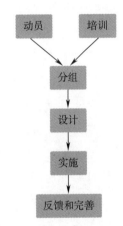

图5-6 自主学习的课程复习策略流程

在开展课程复习策略时,共有六个环节:①动员:要想让大多数同学参与本策略的活动,首先需要同学们整体认同这种方式,认同自主学习对自我发展的意义,所以教师要在开展活动前做好学生动员工作,通过播放自主学习相关的科学研究结果或讨论等,让学生对这一策略有初步了解,知晓建立互助小组的价值和各自分工的任务,利于策略顺利施行;②培训:使用本自主学习策略,需要教师根据多次测试成绩,结合学生综合素质和自我意愿,选定文化课学习方面较为优秀的学生作为组长。对组长们进行辅导,使组长们明确自己的职责,熟练掌握讲解技巧,了解组员状态;③分组:自由组合和教师指定相结合,以保证每组有至少一名相对优秀的学生。每组人数不宜过多,以不超过四人为一组较好;④设计:主要是教师对相关复习内容进行设计,使这些内容适合小组进行讨论和学习,适时地让学生参与学习活动设计;⑤实施:教师设计和组织相关课程活动,带领学生以小组形式开展自主学习,实现课程内容复习;⑥反馈和完善:教师需要保证小组学习有序推进,及时发现活动进行中出现的问题,适时调整,关注学生反馈

⊖ 施瓦茨,曾,布莱尔.科学学习:斯坦福黄金学习法则 [M].郭曼文,译.北京:机械工业出版社,2018:120-240.

并加以完善。

下面的案例展示了学生在老师指导下，针对某次生物考试中的难题、错题进行剖析和知识点复习的过程。

> **案例** 　　　　　高三年级生物课复习教学片段
>
> 北京一零一中　崔旭东
>
> 1. 学习内容
>
> 针对高三年级某次生物考试，组织同学们以小组形式，对大部分学生和个别学生无法解决的疑问进行探索和提炼。
>
> 2. 学习策略
>
> 自主学习的课程复习策略以小组互助为学习单位，以学习成绩较好的同学为组织核心，以解决同学们存在的问题为动力，为学生的自主学习创造条件，推动师生互动、生生互动，最终实现更多的学生"自动"学习，是一种有效的自主学习策略，适合在大部分班级使用，既照顾了大多数同学的学习需要，又兼顾了成绩较优秀同学的学业发展。在实施过程中基本达到了让学生积极参与学习、理解知识、把握思路的目标，也调动了更多的学生自己动脑思考起来，起到了初步培养学生自主学习能力的作用。但也有个别同学不习惯或不认同这样的学习方式，没有跟上活动的节奏，尤其在需要自己看或解决问题的情况下，或无所事事，或做其他事情，或游离于小组之外，不参与讨论。这还需要教师加以关注并不断反思，进一步调整策略，争取让更多的同学参与，有所理解，有所获得⊖。
>
> 3. 学习过程
>
> **环节一**：教师对考试进行通报和简单分析，学生倾听。
>
> **环节二**：高频选择有错题的小组互助解决，以下发的高频错题解析作为学生自主学习的支架，由组长带领小组同学组内讨论、相互求教、解决问题。
>
> **环节三**：学习成绩优秀的同学讲解大题，让事先给老师讲过的同学，到讲台前给大家讲解选定的大题。教师做好讲解同学的支持服务，随时给予补充，并对同学讲得比较好的地方及时进行肯定和强调。
>
> **环节四**：小结，教师对本节活动学生的表现进行简单评价，对本节学习内容中的重点进一步强调，对疑点再一次进行点拨。
>
> **环节五**：课后反馈与完善。教师通过个别交流、问卷填写等方式，了解学生存在的各种问题，以便在知识方面查缺补漏，照顾到每个同学，在策略和形式上根据

⊖ 庞维国. 中学生自主学习的教学指导模式研究 [J]. 心理科学，2003（2）：285-288.

反馈情况进行适当调整和进一步完善。

教学流程概览，如图5-7所示。

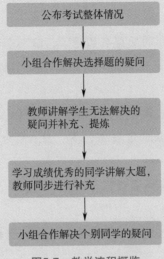

图5-7　教学流程概览

4. 问卷调查结果（部分）

在实施复习课自主学习策略的同时，适时对学生进行了调查。通过调查，教师了解到大部分学生对这一策略比较认可。小组合作复习对同学们的帮助主要集中在两个方面：在学业成绩方面，许多同学认为积极参与后自己对题目的认识更深，对知识的理解更全面，对错题的印象更深刻，对逻辑、语言等的表达更流畅；人际关系方面，多数同学通过小组互助增进了同学之间的关系，感受到了学习路上的温暖，收获了友谊等。对于请教问题的同学而言，获得了不同于老师的讲解表达方式，更易理解同龄人的语言，提高了解决问题效率[1]。

当然，在实施过程中也存在不足，如有些小组个别同学利用小组讨论时间聊天，学习能力弱的同学没有机会展示，个别同学没有感到明显的收获，也存在个别同学不认同、不参与活动的情况。这些都需要老师进一步优化这个策略的内容及形式，使尽可能多的同学有提升、有获得[2]。

下面是部分学生反馈：

学生1：有时候讲错了，同学提出质疑，然后我自己去查阅、排查问题，对我自己也很有帮助，同时我辅导的同学也很有收获，比如我经常和张同学做一些生物知识方面的拓展和讨论。

---

[1] 庞维国. 论学生的自主学习 [J]. 华东师范大学学报（教育科学版），2001（2）：6-8.
[2] 陈晓娟. 论学生自主学习能力的培养 [D]. 福州：福建师范大学，2009.

> 学生2：讲着讲着，一些易被忽略的知识点进一步得到巩固，对知识点记忆更牢了，在做相关题时能够快速反应，实现同学之间的共同进步。
>
> 学生3：我会在别人提出的问题中找到自己没有重视的问题，可以重新理清自己的思路。
>
> 学生4：会发现有的题明明觉得自己懂了，给别人讲时又出现了新的问题或知识点遗忘，讲完自己会更清晰一点。所以，通过讲题既巩固了自己的知识，又能督促自己自觉主动地学习。
>
> 学生5：自己做题可以采取排除法，但讲题需要对每一个选项、每一个知识点都了解。同时，在和别人交流的过程中会接受其他人的想法，进而活跃丰富自己的思维。
>
> 学生6：有时候同学比老师更懂同学疑惑的点在哪里，因为同龄人的思维逻辑比较接近，产生的疑问也相似。
>
> 学生7：可以认识到自己的错误，认识到他人的逻辑与自己的不同点，及时发现问题，找到差距。
>
> 学生8：巩固知识，练习表达能力，交流各自的学习方法，交到了朋友。

5.5.3　个性化学习策略

"信息技术与教学的融合可以促进自主学习。加强线上网络空间与线下物理空间的融合，突破传统教育的时空限制，丰富学习资源，为学生自主学习创造条件"[一]。"互联网+"自主学习可以通过互联网支持下的作业设计加以实现，这种策略强调以学生为中心，是一种满足学生需求的学习方式，能够实现学生的个性化学习和发展。该学习方式以学习科学涉及人类信息加工系统运行机制的三条基本原理为基础，即双重通道原理、容量有限原理和主动加工原理[二]，具体指向学生个体开展具有激发功能、指向功能和维持功能的微视频作业设计、基于数据库的个性化作业设计，以及在线互动平台的交互任务设计等。

根据学生的需求，可以进行两种实现模式。第一种为学习小组进行问题调研与分析，确定符合学生知识水平的选材。经过师生合议录制方案后，根据选材的难度，确定学生小组自学、互学、评议，录制的同学通过试讲进行以深度学习为特征的群体协作知识建构过程，完成录制并发布在互联网上，供更多同学自选资料学习使用。图5-8呈现了

[一] 中华人民共和国教育部. 义务教育语文课程标准：2022年版 [M]. 北京：北京师范大学出版社，2022：8-10.
[二] 梅耶. 应用学习科学：心理学大师给教师的建议 [M]. 盛群力，丁旭，钟丽佳，译. 北京：中国轻工业出版社，2016：15.

第一种实现模型。

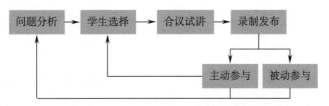

图5-8 学习小组问题调研与分析过程示意

第二种为基于数据库的个性化作业，针对学生的发展需求基础，通过收集作业数据，不断迭代、调整、优化，动态输出符合学生学习水平的作业内容，一方面要依据作业的学习目标，另一方面要评估学生的学习能动性，不断实践反馈完成循环往复的数据收集与分析，精准匹配个性化作业，满足学生自主学习需求，以支持家庭学习需求和节假日学习的需求。图5-9呈现了第二种实现模型。

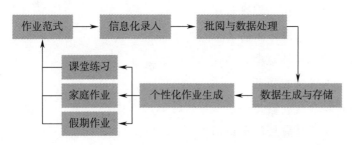

图5-9 数据库个性化输出过程示意

在"互联网+"自主学习过程中，教师要指导学生做好时间管理，规划学习任务，利用数字化平台、工具与资源开展学习活动。学生加强自我监控、自我评价，进一步提升自主学习能力。家校协同，通过建立监控、指导、评价、激励机制，适时交流和开展个性化指导，以期营造学生自主学习的良好环境[⊖]。

教育部《普通高中学校办学质量评价指南》关于课程教学方面对"自主学习"提出了明确要求。规范教学实施的考察要点，要求合理安排学生在校作息时间，充分保障学生自主学习活动时间，注重启发式、互动式、探究式教学，加强跨学科综合性教学，促进信息技术与教育教学深度融合，促进学生自主、合作、探究学习，精准分析学情，重视差异化教学和个别化指导，培养学生自主学习的能力，帮扶学习困难学生。不难发现，"互联网+"自主学习策略对实现上述评价要求具有积极作用。

⊖ 中华人民共和国教育部. 义务教育语文课程标准：2022年版 [M]. 北京：北京师范大学出版社，2022：8.

> **案例** 科学精准匹配练习与作业

北京市海淀实验中学　卢道明

1. 学习内容

日常教学中对教学效果评价除课堂学生回答问题的表现、师生互动交流之外，重要的评价感受来自日常练习和作业。依据学情和教师教学风格，通过"互联网+"作业平台，实现科学精准匹配练习和作业，力求形成有益于学生开展学习的练习和作业新模式及新方法。这种个性化的作业设计离不开课堂教学后的练习反馈，立足课堂又不给教学增加负担，借助信息化平台从最初的教学设计，对教学内容精加工、再加工，从各种练习材料中抽取适合学生的例题和练习匹配课堂教学，根据课堂教学难易度与进度匹配本节课10~12道的课后作业，从而提高练习的针对性。

【片段1】个人与班级错题分析

1）阅卷机录入该班学生的试卷。

2）生成各题正确答题率。

3）生成个人成绩及错题。

4）生成班级分析和高错误率题目信息。

【片段2】个性化题目匹配练习

根据生成数据确定练习讲评重点，借助平台自动或手动生成错误率比较高的题目的匹配练习。每周末借助"互联网+"大数据平台为年级学生生成周末作业，其内容包括本周所学的全部内容以及以往学习过的知识，用以促使学生对所学内容复习、强化，将分散的知识"碎片"通过作业建构知识体系，固化学习成果。不断积累学生学习的数据，可提供详尽的错题和分析指导建议。学生通过电脑或手机App查看以往每次作业和练习的错题，利用零散时间开展学习。

学生通过科学精准匹配的练习与作业可以动态关注自己的进步和发展，基于"互联网+"大数据平台，可以以统计分析作为基础来有效提高学习效果。

2. 学生调查结果（部分）

在开展个性化学习策略的同时，也对学生进行了调查，了解学生在这一过程中的感想和收获。

下面是部分学生反馈：

学生1：讲题其实是帮助我梳理逻辑的过程，为了给别人讲明白，自己需要比做题时思考得更多，这一处为什么这么做、不那么做、是怎么想到的。有很多思路都是潜藏在脑子里的，也许把它们转化成文字也是对自己的提高。另外，这可以提升做视频讲解的水平。

学生2：讲解问题是一件很好的提升个人能力的事情，前前后后不用太多时间就可以录制一道题的讲解视频，耗时不多也造福大家。在我看来，视频讲解可以补足知识上的漏洞、强化自己的表达能力，同时能帮助大家解决问题。

学生3：很多时候仅仅上课听老师讲解是远远不够的，而且不同同学对题目的理解能力也不同，可能有时候有些同学根本听不懂。而网上同学讲解的视频，可以一遍遍地看，看不懂还能在线与老师和同学们探讨，讲题的同学提高了自己的理解能力，听讲的同学也进一步地巩固知识，解题能力得到了有效提高。

学生4：看同学们录制的视频，不但可以针对自己不了解的问题仔细研究，往往还可以在路上就把问题解决。这样可以让自己的薄弱点暴露并改正，不是像上课时因老师讲课进程而忽视某个问题，从而日积月累酿成大错，而是可以将一些零散时间充分利用起来，在充实自己的过程中提升自己。不过班级中每个人学习程度不同，而每个人又可以在这里将自己不会的问题提出来，通过人和人之间的交流避免上网搜题的一些弊端，对学习有一定的帮助。

5.5.4 脚手架搭建策略

自主学习即学习者能够根据自己的学习能力和学习任务的要求，积极主动地调整自己的学习策略和努力程度的过程。只有自发地、主动地参与，才会更加全心地投入，才能勇于克服困难。小学数学学习不仅要让学生获得基本知识和基本技能，更应该获得基本思想和基本活动经验的积累，增强学生综合运用所学知识解决实际问题的能力。活动经验的积累和问题解决能力的增强一定不是靠教师简单地讲解传授，而要靠学生亲自在一个个真实的活动中去思考、去探究、去获得。小学生年龄小，心智发展尚在形成中，要让小学生做到自主学习，需要教师搭建自主学习的脚手架，为学生的兴趣点和困难点提供支撑和引导，如图5-10所示。

自主性学习要求学习者对于学什么、为什么学、怎么学都有比较自觉的意识。因此在教学中，教师通过设计面向学生生活的真实问题，激发学生的学习热情。更应该向学生说明学习的内容是什么，学习的价值是什么，要达成的目标是什么？让学生能够做到心中有数，真正做到有意识地探究学习。

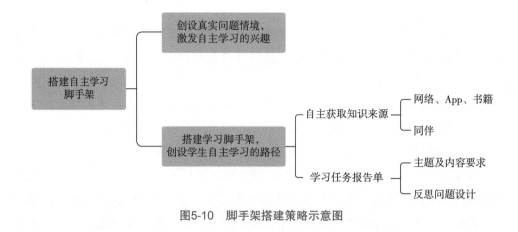

图5-10　脚手架搭建策略示意图

案例　《滴水实验》教学设计

北京教育学院附属海淀实验小学　张红健

1. 学习内容

本课是北师大版小学数学四年级上册"数学好玩"中的学习内容,通过实际生活中滴水的水龙头引发学生思考,开展水资源现状和浪费水资源现象的调查。一方面,让学生了解水资源很匮乏,很多地方因缺水导致土地干裂,北京也是一个缺水的城市,而生活中浪费水资源的现象却十分常见。另一方面,体现学科育人的要求,让学生明白在水资源十分匮乏的今天,要有社会小公民的责任、担当和义务,不仅自己要节约用水,而且要有宣传意识。

2. 学习策略

在开展本课教学时,改变步步引导的教学方式,通过实际生活问题创设问题情境,借助网络搜索、任务学习单等方式和工具引导学生自主学习。

3. 学习流程

(1) 创设真实问题情境,激发学生自主学习的热情

在对滴水的水龙头这一问题的思考与调研的基础上,引出本次活动的核心问题:"面对这种现象,作为小学生能做什么?"这是一个开放性的、人人都有想法、有话说的问题。在教学中学生说道:"我们不仅要自己做到节约用水,还要告诉别人节约用水。"教师进一步追问:"你们准备怎么宣传节约用水?如何让你们的宣传更有说服力?"这样是一个可以让学生从不同视角进行思考的问题,或用文字感染,或用图片展示,或用数据说明等。在学生充分表达想法后,引导学生从数学的角度思考,抛出学习主题:制作一张有数学特色的宣传海报,体会一滴水的价值。在这一任务引领下,学生清楚自己最终要达到的目标是什么,因此学生在学习过程中能够有意识地思考如何才能达到自己的目标，将最终的目标转化成多个小目标，让教学中的每一环节都在学生自主思考下发生。

（2）搭建学习脚手架，创设学生自主学习路径

创设了激发学生兴趣、欲望的真实问题后，学生开始自主学习，由于学生个体差异，为每个孩子在学习中都有获得，在课堂教学中应更加关注学生问题解决过程中的数学思考和恰当的学习方法，培养学生良好的学习习惯。它不同于常规教学中探索具体知识，更区别于课堂教学中教师的直接讲授。在教学中要为学生提供足够的时间和空间进行观察、发现、猜想、操作、描述、计算、推理、验证等不同的学习方式，既要给学生独立思考的空间，又要提供合作学习的条件。搭建学习脚手架，创设学生自主学习的路径。

1）**脚手架形式一：自主获取知识来源。**

在自主学习活动中，为了让每个学生真正体验，学习地点不能局限在课堂内，学生可以运用已有知识在课堂之外向书籍、网络学习。学生的学习伙伴也不仅仅是同学，家长也可以参与其中。课前布置学生进行一些关于水资源的社会调查。第一，调查水资源现状；第二，通过走访调查了解生活中存在的水资源浪费现象。学生通过自己查找资料，通过听取其他同学的汇报，对当前水资源情况有更全面的了解，通过实地走访对当前水资源浪费现象有更深刻的认识和体会，强烈对比冲击学生感知，情不自禁地提出节约用水的意愿。

2）**脚手架形式二：学习任务报告单帮助学生厘清思路。**

自主学习下的"问题解决"重在"厘清思路"。针对"问题解决"教学内容的学习任务报告单能够帮助学生"理清思路"，在教与学之间架起一座桥梁，给学生留下自主探索的空间，保证学生有更多精力投入问题解决过程，有益于改变学生的学习方式，真正把课堂还给学生，让学生积极思考、主动探索、合作交流，使课堂教学效果最优化，从而促进学生的全面发展。

（3）设计学习任务报告单

报告单的设计，既要简洁，又要具有一定的开放性，还要有结论的获得。我们需要达到的目的是什么？学生能够自主采用什么方法去学习，并且把自己的思维过程记录下来，这就为不同的学生提供了更多的机会。他们可以在参与具体活动时，采用自己熟悉、喜欢、擅长的思维方式、实践方法来开展活动。学生在报告单中遇到的困难，让"小组合作"成为一种内在的需要，学生感觉到必须合作、愿意合作。

为了向他人宣传节约用水的重要性，提出用数据说明问题，学生通过实践操作获得数据。利用课外时间进行实验，填写实验记录单。数据的获得需要在家里与父母共同完成，并填写操作记录单，记录自己在操作过程中遇到的问题以及解决的方法。当天在班级群里上传小视频，互相分享。

【片段】1分钟滴水学习任务报告单

（1）阅读实验方案表格。

（2）学生在家里进行实验操作，自由选择与同学或者家人合作完成实验。

（3）学生完成实验记录单，发送实验视频，并将1分钟滴的水带到学校。

（4）教师提问：你在实验过程中遇到了什么困难，是如何克服的？

（5）教师提问：你有什么好的经验与大家分享？

学习任务报告单，见表5-1。

表5-1 学习任务报告单

操作人员			最终的操作结果（滴数/毫升）
操作工具			
次数	时间	水量（滴数）	
第1次			
第2次			
第3次			
⋮			

学习脚手架使学习情境能够以复杂性和真实性的形态被展示、被体验。离开了学习脚手架，一味强调真实情境的学习是不现实、低效率的。学习脚手架让学生经历了一些更为有经验的学习者（如教师、同伴）所经历的思维过程，有助于学生对知识，特别是隐性知识的体悟与理解。学生通过内化脚手架，能够获得独立完成任务的技能。即使在学生不能独立完成任务时，也可以提高学生先前的能力水平，帮助他们认识到潜在的发展空间。对学生日后的独立学习起到潜移默化的引导作用，使他们在必要的时候，可以通过各种途径寻找或构建脚手架来支持自己的学习。

5.5.5 亲身体验策略

体验式自主学习是指学生作为学习主体，通过自己的亲身体验或操作实践，主动去完成学习任务，获得认知提升的一种自主学习策略。体验式学习是学习科学理论倡导的一种有效学习方式，目的是让学习者科学高效地学习，与自主学习一样，都是把学习者放在了学习的中心地位。我们阅读文献发现，体验式教学对提高自主学习能力有一定的促进作用。一方面，自主学习是体验式学习的一个环节，如在开展初中古诗词体验式教学时，可以让学生自主学习，品味诗意[1]；另一方面，体验式学习可以极大地激发学生的学习积极性，从而促进学生主动学习，如初中地理学习中有很多与学生生活息息相关的内容[2]，可以让学生去生活中亲身体验，实践探索，线上学习的模式，也可以使体验式学习大大激发学生的自主学习动力[3]。体验式自主学习需要调动视觉、听觉、触觉、味觉、嗅觉、空间知觉、运动知觉等身体的多方面感知，全身心地投入学习活动中，在获得初步体验后激发好奇心，引发情境兴趣，根据学习任务逐步转化为更为持久的个人兴趣，进而持续性地去自主探究学习，完成学习任务，甚至激发更深入的研究和思考。

体验式自主学习的基本流程为：①导入，包括内容介绍、情境创设等；②体验，学生融入其中，调动多感官参与；③激发，萌生兴趣，产生好奇心，进一步去研究，自主解决问题；④反馈，得出学习结论，提升核心素养。体验式自主学习主要包括直观性体验、操作性体验、假设性体验三种类型。图5-11呈现了三种类型的体验的定义。直观性体验的代表活动有观察、参观、朗诵、模拟实验；操作性体验的代表活动有实验、实践活动；假设性体验的代表活动有单元教学主题、生活化情境、体验氛围等。

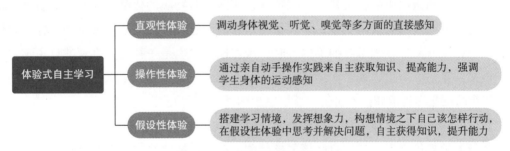

图5-11　三种类型的体验的定义

一般情况下，课堂学习模式是教师用语言表达，学生倾听后获得间接性的知识和经验，直观性体验是一种直接知识或经验的获得方式，是指调动身体视觉、听觉、嗅觉等多方面的直接感知，在体验中学习知识、提升能力。学生通过参观博物馆、观看演出等方式自主获得知识的过程都属于直观性体验。生物学科经常需要观察标本或实物，这都是直观性体验的学习方式。

在诗歌学习中，我们可以让学生直接去朗诵诗歌，调动听觉，发挥想象力，体验诗歌的意境和情感，在一次次的朗诵、修正中深化对诗歌思想内容的理解。运用学生个别诵读、男生诵读、女生诵读、集体诵读、教师诵读、教师领读、竞赛诵读等多样化的朗

---

[1] 张诗源.罗杰斯意义学习背景下初中古诗词体验式教学研究 [D].大连：辽宁师范大学，2020.
[2] 雒鹏智.初中地理教学中学生学习主动性的提升策略 [J].学周刊，2021（7）：161-162.
[3] 尹娜.初中英语线上教学与学生自主学习策略探究 [J].考试周刊，2020（59）：107-108.

诵形式，调动学生学习诗词的热情，学生在个性化的朗诵体验过程中感受诗词作品中蕴含的人格魅力，品悟诗人胸襟，经过朗诵后，对诗词语句、思想的解读更加准确。

操作性体验重在让学生通过亲自动手操作实践来自主获取知识、提高能力，强调学生身体的运动感知，将"动手"与"动脑"结合起来，手脑并用，在体验中获得对知识较为深刻的理解。在动手操作的过程中，学生的学习热情被大大激发出来，体验过程的获得感不仅在于获取知识的过程，而且在于动手完成一件作品或步骤的新鲜感、成就感。

学生设计实验、亲自操作实验、观察并分析实验现象，最终得出结论，获得知识的过程便属于操作性体验。将学习融入生活实践，学生结合自身生活经验进行自主学习，在日常生活实践操作中自主体验学科知识，获得知识、能力以及思维品质、价值观的提升。例如，语文学科用橡皮给自己刻印章，进而了解汉字篆刻艺术；英语学科一边做菜一边用英语介绍制作方法，将英语语言表达应用在生活实践中；地理学科用乒乓球、废弃篮球、橡皮泥等材料制作地球仪，了解地球知识及地理信息显示原理；物理学科制作简易潜望镜、吉他，了解机械原理，明白物理科学道理；化学学科通过制作凉皮儿，了解淀粉和蛋白质的相关知识，理论联系实践，对物质的化学属性有了更直观的认识；生物学科通过植物栽培实践，了解植物生长的全过程，在耐心地等待与陪伴中感悟生命……在学习文学、艺术等抽象内容时，操作性体验也是一种更为直观的自主学习方式，语文、英语、历史、戏剧等学科经常采用戏剧表演的方式让学生在操作性体验中深入理解作品的文学价值和艺术价值，感悟思想内涵。

假设性体验是指教师为学生搭建学习情境，学生发挥想象力，假设自己处在情境之中，设身处地去构想情境之下自己该怎样行动，在假设性体验中思考并解决问题，自主获得知识，提升能力，促进学科核心素养发展。在课堂教学中，教师结合生活、学习或单元教学主题，设计生活化的课堂情境，创造良好的假设性体验氛围，让学生去自主探究，完成任务。假设性体验的自主学习可以说是任务型教学、情景化教学、探究性教学的一部分，教师通过为学生创设合理的假设性情境，学生依据任务要求，在体验的过程中主动去完成任务，从而掌握知识，提升学科核心素养。

> **案例** | 假设性体验自主学习《纪念白求恩》教学片段
>
> 北京一零一中矿大分校　王文琦
>
> 1. 学习内容
>
> 本课来自七年级上册语文，文章概述了白求恩同志来华帮助中国人民进行抗日战争的经历，表达了对白求恩逝世的深切悼念，高度赞扬了他的国际主义精神、毫不利己专门利人的精神和对技术精益求精的精神。

2. 情境设置

我们看一下课本注解1，白求恩同志牺牲于1939年11月12日，本周五就是11月12日，光阴荏苒，2021年已是白求恩同志逝世82周年了。从1939年毛泽东同志写下《纪念白求恩》这篇文章，号召全党全国人民向白求恩同志学习，到如今我们每一位中学生学习这篇文章，白求恩精神光芒永存！

如果这周五我们班来承办全校的白求恩纪念日活动，号召全校师生向白求恩同志学习，该怎样策划呢？

3. 学习过程

（1）活动策划：以6人小组为单位，策划这次活动，所有小组工作人员为全班42名同学。

要求：①研读本课文的内容，概括白求恩精神及其价值；②自主查找资料，结合当下的新闻事件，阐述白求恩精神；③撰写策划书，具体阐明活动的准备、实施过程及注意事项。

（2）小组合作：自主研读课文，完成学习任务。

体验性自主学习法强调直观经验的获得，不同于书本、老师传授的间接经验，让学生作为学习的主体，通过学习活动的设计来调动学生主动体验、感知的积极性，进而去探究、思考，最终获得知识，提高能力，促进核心素养的发展。

5.5.6 小组合作策略

自主学习指的是学生自己确定学习目标、制订学习计划、选择学习方法、监控学习过程的学习方式。合作学习是一种通过学生之间相互依赖、相互沟通，共同促进学生的主体性发展及社会化发展的过程。它强调学生之间合作性的人际互动，强调学生在教学过程中通过相互之间的合作来达到学习目标，完成学习任务。两种不同的学习方式都基于："学生是学习主体"这一共同点，二者之间呈现出一种相得益彰的互促关系，诚如课程标准所言："爱护学生的好奇心、求知欲，鼓励自主阅读、自由表达，充分激发他们的问题意识和进取精神，关注个体差异和不同的学习需求，积极倡导自主、合作、探究的学习方式"[1]。同时，根据学习科学的相关理论，学习者之间是存在个性差异的，如认知风格趋同或趋异的差异、情感和意志差异、思维风格差异等，基于个体差异必然会产生不同的自主学习能力。然而，个体的认知相对是有限的，在个体自主学习能力培养的基础上，通过小组合作的方式，产生不同学习思维的碰撞与交汇，进而丰

---

[1] 中华人民共和国教育部.义务教育语文课程标准：2022年版 [M].北京：北京师范大学出版社，2022：8.

富并完善个体的自主学习能力,这一过程是非常重要的。因此,在培养学生自主学习能力的过程中,巧妙合理地借用"合作学习"的原则、策略等优势构建小组合作的模式,既是两种学习方法的碰撞,又是基于学习"综合性、实践性"特点的可行、有效之路。

"自主学习—小组合作策略"这一形式的研究策略,融合了自主学习的培养方法和合作学习的展开策略。其中,自主学习能力的培养方法包括:学会设定恰当的学习目标、激发学生的学习动机、引导学生系统掌握认知策略、元认知策略、资源管理策略;合作学习的开展策略包括:合理确定小组规模、异质分组策略、巧妙设计合作学习任务、培养学生的合作技巧、灵活安排合作学习课堂的组织顺序、利用信息技术深入支持合作学习。图5-12呈现了自主学习小组合作策略模式主体流程,主体流程内容细化见表5-2。

图5-12　自主学习的小组合作策略流程

表5-2　自主学习的小组合作策略流程

策略阶段	策略实施主体	策略相关原则	策略细化
准备阶段:小组构建	教师主体;参考学生意见	组间同质;组内异质	根据学生的综合能力构成组内异质的合作小组:组长引领、组员协作
策略展开阶段:自主学习活动过程与呈现	学生学习活动主体,教师评价规则设计主体	巧妙设计合作学习任务,学会设定恰当的学习目标,利用信息技术深入支持合作学习,激发学习动机,多元评价	学习活动: 1. 结合文本内容确定自主学习主题 2. 明确自主学习主题下的主要学习内容 3. 根据各自特点安排个人所负责的内容角度
			规则设计: 1. 是否基于小组合作的任务完成 2. 是否有组间的质疑、评价 3. 是否有组内的质疑、评价
策略完成阶段:基于多元评价的自我思考和总结	学生主体	激发学习动机	1. 自我评价 2. 因果归因 3. 调整方向

> **案例** 《本命年的回想》教学设计片段

北京市第五十七中学 王丹

1. 学习内容

《本命年的回想》是当代作家刘绍棠的一篇散文，主要讲述了老北京地区过年的风俗民情，语言极具地方特色，是一篇富有趣味的散文作品。以风俗民情的这一核心为起点，多角度延伸，调动学生的知识储备，完成自主学习，增长见识。基于此，本节课程的学习目标为：①通过小组合作的自主学习，理解文章内容；②借助小组展示，感悟风俗民情，领略独特的北京文化。

2. 学习准备

在课程开始的准备阶段，明确要求，依据组间同质和同组异质的原则完成小组构建。引导每个小组选择与文本相关的内容为主题，展开活动，分工合作，完成不同的任务，进行展示，师生共同评价。

为了进一步明确组织思路，进行了以下说明：

学习任务根据本组成员的个人能力和特点进行任务分配，小组内需要有记录人员、展示说明人员、评价人员、作品制作人员、材料收集人员和协调人员等。记录人员要求细致认真，字迹工整；展示说明人员要求口语表达能力强，仪态大方得体；评价人员要求客观公正；作品制作人员要求灵活敏捷，较强的计算机操作技术；材料收集人员要求知识积累较多，视野开阔；协调人员要求积极热情，善于沟通，人际关系良好。根据每个组成员的个体差异进行人员的安排，扬长避短，力争将本组的结构最优化、潜能最大化。

最后，完成本组自主阅读任务，课上展示小组成果，进行评价。

【片段1】围绕主题 自主学习

（1）活动任务

1）明确小组自主学习主题，围绕主题细化自主学习内容。

2）以文字稿或图片等形式，组内分享自主学习成果。

（2）评价规则

1）每位同学自主学习内容明确+1分，能够完整呈现自主学习成果+2分。

2）在分享交流时对组内成员的学习内容进行点评、质疑或补充+1分。

表5-3和表5-4展示了围绕某一主题开展自主学习的人员分工和成果分享安排。

表5-3 从"小年"到"大年"的民俗风情人员分工

学习主题	从"小年"到"大年"的民俗风情
自主学习内容及人员分工	（1）文中出现的与本组主题相关的生字生词、需要注意的读音，做标记、借助字典，明确读音和字形——孙同学 （2）请查阅与主题相关的资料，补充阅读 资料内容： 1）相关的童谣、谚语、顺口溜等文字资料——田同学 2）能够呈现民俗风情的图片、漫画、视频等影音资料——王同学 3）围绕"北京文化"梳理本篇文章与教材中相关文章的异同点——沈同学 4）推荐阅读同一主题的文章或书籍，可有侧重——孔同学 5）记录本组活动流程和组内成员分享成果——顾同学

表5-4 从"小年"到"大年"的民俗风情成果分享

学习主题	从"小年"到"大年"的民俗风情
自主学习成果分享	（1）成果展示：语言清晰明确，分享自主学习成果 （2）要求： 1）围绕各自自主学习内容+1分，形式新颖、有趣味+1分 2）认真倾听+1分 3）能够对他人自主学习的内容进行评价、质疑或补充+1分 4）记录组内成员分享的主要内容及分享过程中的表现+1分

（3）教师小结

在小组展示中，从火红的春联到热气腾腾的饺子，以及南方的"民族饭"，展示内容多姿多彩，各具特色。学生的自主学习兴趣被激发出来，展现出了令人惊喜的思考力与学习力。在成果展示评价方面，根据每个小组成员进行的组内评价，选出小组中表现最优异的学生，在讨论、交流中学习欣赏，提升倾听等能力。

（4）活动评价

生生互评

1）完成质量如何？非常好+10分、基本合格+6分、质量不高+3分

2）是否积极与他人沟通合作？良好+10分、一般+6分、较独立+3分

3）你认为哪位成员学习任务完成得最好

（5）理论解读

"学生是学习的主体。语文课程必须根据学生身心发展和语文学习特点，爱护学生的好奇心、求知欲，鼓励自主阅读、自由表达，充分激发他们的问题意识和进取精神，关注个体差异和不同的学习需求，积极倡导自主、合作、探究的学习方式。教学内容的确定、教学方法的选择、评价方式的设计，都应有助于这种学习方式的形成。"基于课程标准的要求和相应阶段学生身心发展的特点，在自主学习中获得知识与同伴认同。

【片段2】小组合作　探究学习

（1）设计目的

在任务一的基础上，借助小组展示，感悟风俗民情，领略独特北京文化。

（2）学习内容

整合小组自主学习成果，并完成以小组为单位的展示活动。

（3）评价规则

1）每个小组展示主题与内容明确清晰+1分，展示形式新颖有趣味、有互动+2分。

2）在分享交流时对其他小组的呈现进行点评、质疑或补充+1分。

表5-5呈现了围绕某一主题开展自主学习的小组展示安排。

表5-5　从"小年"到"大年"的民俗风情小组展示

学习主题	从"小年"到"大年"的民俗风情小组展示
展示内容及过程	（1）播放一组图片，如吹糖人、踩高跷等活动的图片，请同学们猜活动 （2）公布答案，引出主题 （3）运用多媒体，配合图片和文字，详细解说"小年"到"大年"期间每天的民俗及其由来 （4）播放一个关于过年的热闹场景的视频片段 （5）解说这些民俗中所包含的文化内涵

3. 组间评价规则

（1）____组是否基于小组合作的自主学习形式完成了学习任务，并进行了呈现？+2分

（2）小组呈现的形式是否新颖有趣？+2分

（3）完成质量如何？非常好+10分、基本合格+6分、质量不高+3分。

（4）最欣赏第____组的自主学习成果+5分。

4. 活动总结

学生多感官探究学习，交流互动，积极参与，将自主学习的活动成果以多元化的形式呈现出来；在评价的过程中形成思维碰撞，丰富了个体的自主学习方法和思路，对学习内容有了更加深入的了解。

5. 理论解读

引导学生在讨论中学习更好地倾听与评价，在对他人的学习中不断丰富自身的学习方法，并有意识地改正自己学习活动中的不足，实现反思与提升。

6. 总结与反思

在本课中，通过学生的自主学习，借助文字、图片、影视等方式丰富了自主学习的途径，并在此基础上形成了较为有效的自主学习方法，学生学习效果良好。

自主学习是学生深入学习和拓展学习的重要方法，培养自主学习能力可以从以下几个角度进行思考。①基于文本的自主学习方向的引导：完成自主学习的方向和内容，即学习任务应精心设计；②自主学习需要多样化的呈现：考虑学生的差异，充分调动学生的积极性；③在小组合作的形式上，实现个体间互助互促，进一步提升自主学习能力。

以小组合作形式的自主学习策略，形成了融合"自主学习"和"合作学习"两种学习方法的突出特点，兼顾了学生的个性化发展和团体合作需求，在激励性的评价规则设计中激发学生的学习内驱力，同时，能够帮助学生在合作过程中发现更多样化的学习方法和问题解决思路，互相促进，共同进步。除此之外，在实施的过程中也需要注意每个学生的参与度，可以进一步在学生学习任务设计、组内任务安排等方面尝试更多不同的思路，引导学生体验不同的自主学习角度，以期培养学生更加全面、综合性的自主学习能力。

5.5.7 笔记思考策略

课堂笔记是学生在课内一边听取老师的讲授，一边记录讲课信息的重要学习方式[一]。做好课堂笔记，有利于养成良好的学习习惯，集中注意力，也为课下复习提供了精准的素材。学生在记笔记的过程中需要反思，因此记好课堂笔记并且利用好课堂笔记是学生积累知识和巩固知识的一项重要技能，同时整理和完善笔记也有助于培养学生的自主学习能力[二]。美国心理学家巴纳特（Banat）研究表明：学生在听课的同时，课堂上动手写摘要的组的成绩最好；在听课时看摘要但不动手写的组的学习成绩其次；既不看摘要也不动手写，只单纯听讲的组的学习成绩最差[三]。为此，我们开展了课堂记笔记的策略研究。"好记性不如烂笔头"，上课记笔记可以调动学生的视觉、听觉、触觉等感觉器官，这种学习模式正是运用了心理学中的"多通道"记忆法。有多种感知觉参与的记忆，叫作"多通道"记忆。学生自主学习，"看书+听课+笔记"的学习方式可以帮助学生提高学习效率，这也正是人大附小七彩教育理念下学生在课堂中保持的习惯。记笔记为思考留痕操作流程为：个人笔记—集体笔记—分享讨论—修正补充—成果展示。

案例　　　　　　　　　　开学第一课

中国人民大学附属小学　赵俊强

1. 学习内容

作为三年级数学老师，我在《开学第一课》中号召学生记笔记，记下重点、留

[一] 王云秀. 课堂笔记现状的研究 [J]. 昆明大学学报，2006（1）：71-73.

[二] 孙继民. 记笔记研究的理论模式与实践 [J]. 外国教育研究，2004，31（8）：28-29.

[三] 张红，何从军. 浅析当代大学生如何做好课堂笔记 [J]. 职业时空，2012（2）：110-111.

下思考、提出问题，定期评比"最佳笔记奖"。学生们十分兴奋，都想参与评比，于是学习小组群开始"晒出了"各种课堂笔记。

2.学习过程

（1）初"晒"笔记

欣赏着孩子们"丰硕"的成果，我被他们的积极性感动。但是我发现，学生们的记录大都是"凭感觉"，有的只记录了一个"孤零零"的竖式，有的庄重地抄上了学习目标，有的记录了好几页……对三年级的小朋友来说，自主学习、自主提炼重点需要引导和帮助。为了更好地发挥记笔记的作用，我立即查阅了资料，结合两个班学生的年龄与心理特点，制定简单易懂的记笔记方法，于是开展了《如何记笔记》的主题班会。

（2）专题培训

《学记》中有一句话："学无当于五官，五官弗得不治。"意思是说，学习和记忆如果不能动员五官参加，学不好，也记不住。我问孩子们："记得老师在课堂上经常说，在生物学上，有句话叫'用进废退'吗？我们要充分使用各种感知器官，才能达到是事半功倍的效果。回忆在课堂上，你的练习本上记录了哪些内容？黑板上都记录了哪些内容？我们用了不同颜色的笔标记了什么？汇报多种方法后，学会的'最高境界'（沟通方法联系）是什么？……"

1）格式要求：从纸中间或3/4处对折，左侧记录内容，右侧进行补充，也可以自己按照喜欢的方式设计。

2）内容呈现：记方法、记问题、记总结、记补充。

（3）再"晒"笔记

课堂笔记、小组互评、创意笔记。在观课时，记笔记尽量简单大方，不求数量，而求质量，听懂是重中之重，笔记只是辅助学习的工具；将笔记分享到小组群，欣赏大家的作品并简单点评上一位同学的作品，以鼓励、欣赏为主，教师对所有学生的笔记进行语音或文字的点评，每周小组长推荐优秀作品到大群；开展《乘法算式我来讲》的视频讲解活动，鼓励设计板书，讲解多种算法背后的道理，以不同形式展示笔记；教师在线上答疑时，设计好内容，会后发到交流群，学生可以再一次学习巩固；在录制新课时，设计板书，便于梳理本节课的内容……两位数乘两位数的板书如图5-13所示。

通过一系列活动，学生们越来越喜欢记笔记，在欣赏他人作品的同时也进一步巩固了知识内容，了解到更多的方法，可以静下心来思考方法之间的联系，教师也能从笔记中了解他们对知识的理解水平，方便随时调整教学方法、关注并及时辅导。

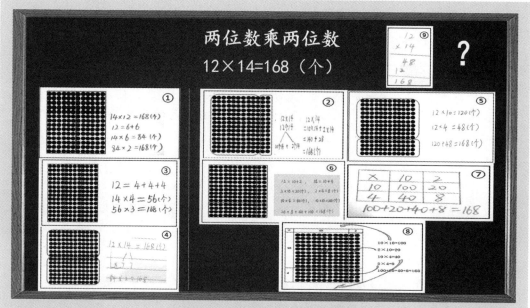

图5-13　两位数乘两位数的板书

（4）策略优化

通过实践，学生的积极性、学习兴趣有了明显的提升，为了进一步提升学生自主学习的能力，我提出了一些想法。

1）增强笔记认知，提高自主学习能力：上课前学生应该养成预习的习惯，了解课堂讲解的内容，对有问题的内容进行标注，课堂中有选择地开展记录，采用自己熟悉的符号快速记录。这种有针对性的记录能更好地把握重点。

2）提倡笔记整理，达到温故而知新：课堂记录笔记可能会因为快而漏掉了某些部分，或者记录混乱，这时就需要课后第一时间整理。这个整理的过程既是二次学习，也是复习。整理的过程还能引发一些更深层次的思考，真正达到温故而知新。

3）定期笔记交流，寻找适合自己的方法：定期进行笔记交流，学习其他同学的方法，老师也能从中了解学生哪里容易出问题，以便因材施教，及时调整课堂教学。通过对笔记进步的学生及时表扬，增强学生记笔记的效能感。

4）运用思维导图，增强笔记的逻辑性，善于运用符号加快记笔记的准确效率。

3. 学生笔记

学生根据教师指导，完成笔记，如图5-14所示。

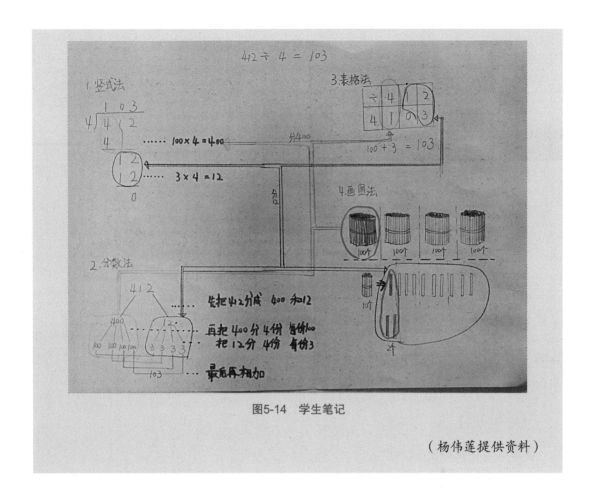

图5-14 学生笔记

（杨伟莲提供资料）

5.6 本章结语

在信息技术快速发展的时代，学生面临着海量的数据和信息，急需根据自己的学习风格与特征来确定学习目标、制订计划并进行反思监控，这一过程中自主学习能力显得尤为重要。自主学习强调学生在学习过程中自己确定目标、制订计划、选择方法、监控过程，是一种积极能动的、个性化的、持久的终身能力。在本章内容的学习后，相信您已经对自主学习的基本理论和实施策略有了一定的了解，是不是已经开始思考如何在自己的课堂上开展自主学习教学与活动了呢？值得注意的是，自主学习的开展是一个富有挑战性的过程，需要考虑到学习者动机的激发、内容与方法的选择、学习环境与情境的设计等各个方面。相信您一定会在这个探索与实践的过程中，加深对发展与提升学习者终身学习意识与能力的理解，收获更多的教学实践心得。

第 6 章

启发式学习

【本章导入】

启发式教学是教学实践中的重要概念，如何在课堂中引导学生的思维始终是教师关注的重点。从学习的视角来看，启发式学习更强调以学生为中心，尊重学生在学习过程中的主体性地位。本章将介绍启发式学习的概念和应用。

【内容导图】

本章内容导图如图6-1所示。

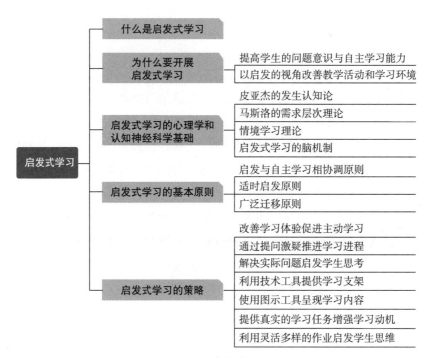

图6-1　本章内容导图

6.1 什么是启发式学习

启发式教学（Heuristic Method）是指遵循教学规律，运用各种教学方法，充分调动学生的学习主动性、积极性的一种教学类型。它与"注入式教学"相对。"启发"一词出自孔子的"不愤不启，不悱不发"。强调引导学生积极思考，把握教学的时机适时启发。此后，《学记》中提出："君子之教，喻也"，主张"道而弗牵，强而弗抑，开而弗达"。11世纪，南宋教育家朱熹将教师的启发喻为"时雨之化"，用"指引者，师之功也""示之始而正之于终"阐明教师的启发作用为引导、指正和释疑[1]。在西方国家，古希腊的苏格拉底（Socrates）倡导的问答法（也称"产婆术"），被认为是欧洲最早的启发式教学。问答法通过双方的交谈，在问答过程中不断揭示对方观点的自相矛盾之处，进而引导对方逐步从个别的感性认识，上升到普遍的理性认识、定义、知识[2]。由此可见，启发式学习思想起源于对人的主体性的充分尊重，强调人在学习中的主体能动性是启发式学习的基本特征之一[3]。因此，我们将启发式学习定义为："学习者在教育者、学习环境和教学活动的启发引导下，主动建构知识、习得技能、发展能力、形成价值观念的过程。"高明的教师一定是善于引导学生的人，在严格要求学生的同时不会让学生感到压抑，注重用问题来引导学生思考，而非直接把结果交给学生。

6.2 为什么要开展启发式学习

6.2.1 提高学生的问题意识与自主学习能力

一切发展性的学习都始于提出问题，终于解决问题，而提出一个问题往往比解决一个问题更为重要。启发式学习通常从问题切入，学生在不断发现问题、表征问题、理解问题和解决问题的迭代过程中，不断丰富自身对问题的认识，直到在受到启发的瞬间，形成对问题的深入而全面的理解。启发式学习与问题解决过程十分相似，但更加强调学生从量变到质变的领悟过程，强调学生对所学内容的深刻洞察。由此可见，启发式学习将有助于提高学生的问题意识，支持学生在学习过程中积极敏锐地发现问题、全面深刻地理解问题、细致正确地解决问题。

自主学习成为近年来教育改革中屡次提出的核心内容，被认为是在传统学习模式上发展出来的一种更具现代化、更符合学生主观诉求的一种学习方式。在自主学习中，

---

[1] 顾明远.教育大辞典：增订合编本 [M].上海：上海教育出版社，1998：1205.
[2] 金炳华.哲学大辞典（修订本）[M].上海：上海辞书出版社，2001：26.
[3] 刘博.启发式学习在中学地理教学中的研究初探 [D].长春：东北师范大学，2007.

学生作为学习的主体，能够根据自身实际情况和需求喜好选择相应的学习内容，从而更好地实现知识与实践之间的转化，获得更好的学习效果。随着我国教育领域有关自主学习研究的深入，自主学习对于学生教育、成长的优势也愈发凸显出来，如何把握学生学习习惯培养的重要时期，对学生展开系统的自主学习意识培养，也就成为当下教育者们关注的重点○。启发式学习与自主学习具有紧密的联系。启发式学习以学生自主学习为基础，并且强调教师和学习环境对于启发的重要作用。因此，在实践中强调启发式学习不仅有助于培养学生的自主学习能力，使学生能够做到举一反三、见微知著，而且也有助于以新的视角考察教学活动和学习环境，使这两者能够做到互促互鉴、相得益彰。

6.2.2 以启发的视角改善教学活动和学习环境

启发式学习对教学活动的设计和组织形式提出了新的要求。启发式学习要求教师既要深入理解知识内容的逻辑结构，又要明辨学生认知发展的进阶过程，在教学活动上做到循序渐进、循循善诱，通过激发疑问和逻辑辨析，整合学生的前概念，并引导学生使用批判性思维方法把这些前概念逐渐发展为成熟的科学概念，从而实现认知图式的转化。为此，在教学活动的设计上，不仅要基于所学内容的结构逻辑，也要结合学生理解发展的认知过程，实现外在教学活动与内在认知发展的有机整合。在教学活动的组织上，既要通过内容呈现和提问激疑不断积累理解上的"量变"，也要通过批判辨析和任务挑战来实现思维上的"质变"。从这个意义上看，启发式学习目标能够在设计和组织上重构和改善现有教学活动。

启发式学习也能为设计支持教与学的学习环境提供更多启示。受到学习科学发展的影响，新一代学习环境更加强调以学生的概念和思维发展为中心。学生处于学习环境的中心地位，通过学习环境提供的各种支架来参与真实任务和社会文化实践。在这种环境中，学习者可以在自己先前经验和日常经验的基础上逐步建构和发展对问题的理解，形成新概念（或科学概念）。在学生概念发展的过程中，学习环境中的教师、同伴和信息技术工具都可以被用来增强、补充和拓展思维和观点○。学生的内在思维过程可以通过学习单、小组汇报海报、设计作品、模拟仿真和虚拟环境等多种形式呈现，让教师和管理者了解学生的学习过程和能力水平。因此，支持启发式学习的学习环境和教学工具也应当顺应学生认知发展的过程，并且能用适合的表征形式将启发式学习的过程和结果展现出来。

○ 张新新. 基于自主学习意识的高中数学教育策略 [J]. 当代家庭教育，2021（10）：119-120.
○ 乔纳森，兰德. 学习环境的理论基础（2版）[M]. 徐世猛，李洁，周小勇，译. 上海：华东师范大学出版社，2015：11-15.

6.3 启发式学习的心理学和认知神经科学基础

6.3.1 皮亚杰的发生认知论

启发式学习强调学习者对学习内容内在规律的领悟，其内在本质是学习者认知图式的转变。根据皮亚杰的发生认知论，个体通过同化和顺应来实现认知结构的改变，以适应外在环境的变化。同化是指把环境因素纳入主体已有的图式之中，来丰富和加强主体的动作，引起图式"量"的变化。顺应是指主体的图式不能同化客体，必须建立新图式或调整原有图式，引起图式"质"的变化，使主体适应环境[一]。在启发式学习中，学习者接受教育者的指导和启发，并从学习环境和教学材料中获取信息，不断积累能够影响认知图式的环境因素，即发生同化。学习者不断通过主动的、建构性的认知活动修改自己的认知和解释，最终产生启发和顿悟现象，建构新图式或改变原有图式，即发生顺应。由此可见，皮亚杰的发生认知论中的同化和顺应这一组概念，很好地解释了学生的认知发展过程，并为启发式学习的作用机制提供了丰富的理论支持。

6.3.2 马斯洛的需求层次理论

启发式学习相比于传统接受式学习，对学习者的认知能力和学习动机都提出了更高的要求。启发式学习所要实现的图式的适应，需要学习者不断追求更高层次的理解。在启发式学习过程中，学生要更加积极主动地投入认知挑战之中，直到形成对所学内容的深入而全面的认识，这与马斯洛的需求层次理论有很好的对应。需求层次理论有五个层级：生理需求、安全需求、归属需求、尊重需求、自我实现需求。后来的版本又增加了第六个层级：超越需求。这六个层级以金字塔结构自下而上排列，如果无法满足较为低级的需求，就无法满足更为高级的需求。马斯洛把自我实现定义为"一种充分实现自身潜能、让自己成为可能的最佳状态的欲望"。换句话说，自我实现代表了追求自己确定的目标的需求，这样的目标能够给人带来全面的激励[二]。从这个角度来说，教师的启发引导，环境的创设，充分调动学生的已有知识，让学生构建出新的知识和解释，会让学生获得成就感。从马斯洛的需求层次理论分析来看，这可以被认为是自身价值的体现，能够调动和激励学生更有信心地学习。使学生从自我实现开始，向自我超越努力。因此，可以说，需求层次理论为启发式学习的动力机制提供了解释。

[一] 石向实. 论发生认识论的同化和顺应概念 [J]. 内蒙古社会科学（文史哲版），1996（3）：19-23.
[二] 马扎诺, 斯科特, 布格伦, 等. 如何调动与激励学生：唤醒每个内在学习者 [M]. 吴洋, 林森, 旁欢, 等译. 北京: 中国青年出版社, 2018: 21-25.

6.3.3 情境学习理论

情境学习理论也是启发式学习的重要基础。情境学习理论强调知识与情境之间动态相互作用的过程。该理论认为，学习者在情境中通过活动获得了知识，学习与认知本质上是情境性的○。学习者在学习环境和学习活动共同构建的各种学习情境中感受与所学内容紧密联系的现象和规则，并在环境的支持下，与教师和同伴共同解决那些与情境密切相关的问题，从而实现概括和迁移，并不断积累对所学内容的默会理解○。在启发式学习中，对学生的启发引导要紧密结合生动而具体的学习情境，否则学生就容易产生"惰性知识"，难以在其他问题情境中灵活运用。启发式学习和情境学习具有相似的教学设计理念。一是都强调学生的主动性，让学生"偷窃"到他们所需的知识。这里"偷窃"一词区别于直接的"给予"和不费力的"拿取"，强调学生要主动去获取知识，并在学习过程中想方设法、积极规划，从而克服障碍。二是都注重给学生提供适当的支架。例如，使用媒体将内隐的思维过程外显化，或是给学生暗示或间接指导（启发），从而使学生能在最近发展区内实现认知发展。三是都重视教师角色的转变，在启发式学习和情境学习中，教师的角色不再是知识的传授者，而是学习的促进者，教师感知学生的认知过程并为之提供适当的指导和点拨，帮助学生调节学习进程、领悟知识内容○。

6.3.4 启发式学习的脑机制

启发式学习在实现学习者认知图式的转变过程中，常出现学习者的"顿悟"（insight）现象，即学习者在解决问题的过程中，突然获得灵感，从而打破原有认知障碍，形成解决方案，并伴随着情感上的愉悦体验○。这种顿悟过程往往在极短的时间内发生，问题的有效解决方案常以直观的形式直接呈现在眼前，而且这种顿悟一经获得，便很少出现行为上的反复○。研究者使用谜语作为刺激材料，通过功能性磁共振成像（fMRI）技术精确记录了人类大脑在实现顿悟的瞬间的活动状况，发现顿悟过程激活了额叶、颞叶、前扣带回和海马体等脑区，并且该文章指出，在顿悟过程中，大脑依赖海马体（与长时记忆的形成和空间能力有关）形成新异而有效的联系，依赖"非语言的"视觉空间信息加工网络来构建问题表征方式的有效转换，依赖扣带前回与左腹侧额叶来实现思维定式的打破与转移○。由此可知，在启发式学习过程中，一方面要注重为学生提

○ 张振新，吴庆麟. 情境学习理论研究综述 [J]. 心理科学，2005（1）：125-127.
○ 罗劲. 顿悟的大脑机制 [J]. 心理学报，2004（2）：219-234.
○ EPSTEIN R, KIRSHNIT C E, LANZA R P, et al. 'Insight' in the pigeon: antecedents and determinants of an intelligent performance [J]. Nature, 1984, 308（5954）: 61-62.
○ 罗劲. 顿悟的大脑机制 [J]. 心理学报，2004（2）：219-234.

供与内容相关的丰富情境，促进其大脑形成新异而有效的联系；另一方面要善用图形化的表征方式，激发学生的视觉空间信息加工过程。此外，还要注重通过案例和隐喻呈现事物之间的本质联系，促进学生的顿悟和迁移。

6.4 启发式学习的基本原则

6.4.1 启发与自主学习相协调原则

启发式学习强调以学生为主体，教师在学生自主学习的基础上加以启发引导，帮助学生在其最近发展区中获得足够的支持。教师的启发应当与学生自主学习相协调，启发在学习过程中起到了催化和促进作用，而不能代替学生的思考。在启发式学习实践中，教师既不能让学生闭门造车，让没有成效的反复试错挫伤学生的学习动力，又不能对学生拔苗助长，用过早过度的讲解限制学生自主建构概念的机会。可以说，在启发式学习中，自主学习与适当启发是学生认知发展的内因和外因，两者的有机结合为学习提供了动力。

6.4.2 适时启发原则

启发式学习尤其注重启发的时机。早在2000多年前，孔子就提出了"不愤不启，不悱不发；举一隅而不以三隅反，则不复也"的教育思想。孔子从反面说明了启发的重要性，他强调学思结合，认为只有当学生处于积极思维状态时，在学生心求通而又未得其意，知其意而不能言时，教师进行启发、引导和点拨最为适时，教育效果最佳[1]。在新课导入环节创设贴近学生实际生活的问题情境，往往会有效引起学生的关注和兴趣，从而产生运用所学解决实际问题的意愿，这时教师从旁适时启发、引导，学生参与课堂活动的积极性会明显提升。

6.4.3 广泛迁移原则

"举一反三"是启发式教学的根本目标。所谓"举一反三"，在现代教育心理学看来就是在启发后产生广泛的迁移，被启发者能够融会贯通。因而，这种迁移是一种能力上的提升而不仅仅是知识的扩展。通过启发式教学，学生不仅深刻领悟所学的具体知识，而且掌握解决问题的方法与步骤，把握规律性。启发式教学所带来的知识能力迁移受多种因素的影响，其中，学生的智力水平（包括概括归纳水平）、情境的相似性

---

[1] 陶沼灵. 启发式教学方法研究综述 [J]. 中国成人教育，2007（7）：139-140.

以及教学方法至关重要[1]。这三者，都与教师的引导关系很大。按照美国心理学家贾德（Judd）"经验泛化说"的说法，概括就等于迁移。所以，教师要注意引导学生进行概括总结，尤其是归纳一般性原理，将具体知识广泛迁移。

6.5 启发式学习的策略

6.5.1 改善学习体验促进主动学习

在启发式学习中，学生是学习的主体，是启发式学习发生的内因，不管采用哪种启发形式，都应以调动学生学习的主动性为原则。主动学习能够激发学生的主动性、能动性和独立性，充分发挥学生学习的潜能，激发学生的创造力。主动学习的发生需要以下外在条件：①学习氛围的吸引力；②教师和家长的积极影响力；③学习内容的意义性；④学习过程的趣味性；⑤学习结果的强化性。学生作为主动学习的主体，如果自己没有学习动力，学习将无从发生，所以主动学习发生需要以下内在条件：①旺盛的学习动机；②必要的学习能力；③学习的满足感和成功感。

> **案例　　化学史故事激发学生学习兴趣**
>
> 北京市建华实验学校　韩彤彤
>
> 以化学史故事为情境，激发学生的课堂学习积极性。
>
> 1. 学习内容
>
> 本课程是为了解决初三学生较为活泼，课前注意力分散，难以快速进入课堂学习的问题，以与化学知识相关的化学史故事为情境，吸引学生的注意力，同时对故事中的化学问题产生兴趣，调动学生的学习积极性。
>
> 2. 学习策略
>
> "学习科学"中的"兴趣动机"理论认为，当学生认为学习材料对他有价值或他十分感兴趣时，他便会更加刻苦努力地学习。本课程设计的情境为视频媒介，因其具有直观性、生动性和丰富性等特征在创设情境吸引学生注意力中具有明显的优势。
>
> 选取了初三的两个平行班，教师在1班采用情境教学的活动，在2班未设计情境教学的活动。
>
> 情境教学活动是上课后先播放5分钟的视频素材，再进入常规教学活动。

---

[1] 张艳芬. 学习迁移的分析 [J]. 河北职工大学学报, 2002 (3): 55-56, 62.

教师选用的视频素材均为与九年级化学内容相关的，符合学生认知阶段的科学史实资料。有拉瓦锡的经典测量空气中氧气含量的实验、拉瓦锡的定量方法——水中"瓷土"的测定、质量守恒定律发现史、原子结构模型演变、三种特殊结构的碳单质的发现、培肯发现紫色染料、早期科学家设计的仪器装置。

3. 总结与反思

实验组和对照组的学生在情境教学测试中的表现存在较大差异，课前的化学史故事干预能有效提高学生的成绩。

通过访谈学生，课前化学史故事干预使散漫的课堂刚开始几分钟就变得井然有序，学生对老师这节课的化学史故事充满期待，能较快地做好课前准备，并及早专注于化学课堂。

6.5.2 通过提问激疑推进学习进程

俗话说"兴趣是最好的老师"。在学习过程中，教师如果善于设问激疑，就能引起学生的学习兴趣，从而引导课堂教学步步深入，最终达成预设的学习目标。课堂上问题的设置应该有梯度、有层次、指向明确，能够有效引起学生的持续关注，使教师的主导作用、学生的主体地位得到切实体现，课堂生成才会更加鲜活，教学环节才会更加流畅，教学效果才会更加令人满意。在具体的教学实践中，教师应努力做到善于提问激疑，启发学生积极思考。很多教育者都认可的是学兴于思、思发于疑、学无问不至道。教师的提问需要切中肯綮，以便激活学生深入思考，但是仍需强调的是，教师提问的问题不能过多，否则过犹不及；亦不能过少，否则启而未发。教师应该适时深入且要善于补充追问，教师因势利导，就比较容易引导学生逐渐由浅入深，步步加深对文意的理解。这样一来，既可以掌握学习知识的方法，又能够锻炼他们的思维能力，同时还可以帮助他们感受并领悟文章的思想价值、精神内蕴。现在让我们一起来看看下面这位老师如何在自己的语文课堂上提出问题，引导教学步步深入的。

> **🔒 案例** 以《离骚》为例试析诗歌教学中的品读课
>
> 北京一零一中　刘小争
>
> 1. 品读文本，展开追问，以点带面
>
> 教师在第一课时充分诵读的基础上，抛给学生一个问题："经过咱们上节课的学习，大家在朗读该诗的时候会有哪些句子让你感动？"根据学生们的回答，教师从中选择了四句最具有代表性的句子，引领学生加以品读。分别是："亦余心之

所善兮，虽九死其犹未悔""宁溘死以流亡兮，余不忍为此态也""伏清白以死直兮，固前圣之所厚""虽体解吾犹未变兮，岂余心之可惩"。之后教师通过提问、追问的方式，引导学生把握文字背后的本质内涵。例如，"亦余心之所善兮，虽九死其犹未悔"。教师提问："'所善'指的是什么？"根据学生回答，教师明确："好修姱以鞿羁，薋菉葹以盈室，余之娥眉"。教师追问："这些内容说明了抒情主人公是一个什么样的人？"根据学生回答，教师明确："他是一个追求高尚纯粹境界的人。"

2. 立足赏析，开放提问，由表及里

在充分品读赏析的基础上，教师继续抛出了一个开放性的问题："你们愿不愿意做这样的人？"学生可以选择愿意，也可以选择不愿意，但一定要给出相应的理由。教师基于学生的回答，帮助学生总结升华，提炼精神内核。这种开放性的问题难度较高，需要在之前引导学生们对于诗歌文本深入品读，否则学生可能既不会被激活思维，又不能深入理解作者的思想情感。

3. 涵泳文本，合作讨论，纵深发掘

教师在前两步顺利实施的基础上趁热打铁，将讨论继续深入下去，让学生们根据文本探究"屈原悲剧性的具体内涵"。经过思考和讨论，学生们总结得出三点，即"屈原的孤独感、幻灭感和沉重感"，并基于这三点展开对屈原悲剧性的解释。教师在最后提出一个延展性问题，即"由东方屈原的悲剧性内涵的探究，思考西方古希腊神话西西弗斯的悲剧内蕴，探讨东西方两种悲剧内蕴的异同"。让学生思考并留作学术作业，让其查阅资料，提交一篇论文。

在启发式教学过程中，教师充沛的情感投入也是不可或缺的。一方面，教师的情感对学生会产生较大的感染力。另一方面，教师也通过情感的投入来表现出屈原复杂而又真切的精神世界，帮助引导学生思考和探究中西方投射至具体方面的悲剧内蕴的异同。

6.5.3 解决实际问题启发学生思考

新教育改革强调培养学生的创新意识和创新思维。课堂教学设计强调创设良好的教学情境，产生需要思考和探究的问题，从而激发学生的积极思维。在课堂教学中，教师要创设有价值的问题串，促进学生积极主动地思考。教师应该尽量提"高认知问题"，即能使学生产生认知冲突、激发学生积极思考的问题。启发学生独立思考，发展学生的逻辑思维能力，让学生动手、培养独立解决问题的能力。通过组织和引导学生思考解决

实际的学习任务和问题,进而启发学生获取知识,也是启发式学习的一种重要途径[1]。对此应该注意以下三个方面:

一是要选择合适的问题作为启发学生的材料。解决实际问题是手段,启发学生获取知识是目的。选择一个什么样的实际问题作为突破口,对于实现启发的目的很关键。那么什么问题适合用于启发式学习呢?从含义上说,作为启发式学习材料的问题必须是带有规律性和经验性的,并且在一般认知范围内能找到最佳或较佳路径。学生们解决了这个问题,就可以做到举一反三,要么对问题背后蕴含的公理、原理学习或进一步加深理解,要么能从中体悟到一些具有普遍指导意义的认识。

二是要设计好问题解决与启发的思路导向。这里可以有两种导向:结果导向是指教师提出要解决的一定任务或问题,让学生思考后回答结论、答案,但对学生解决问题的思路、方法不作要求。思路导向是指教师不仅提出任务,还要进行解决问题的思路引导。无论哪种导向,都要让学生亲自动手、动脑,或独立、或合作地去完成。在学生解决问题的过程中,教师根据学生的情况,加以有针对性地指点、引导,组织交流或讨论。等学生解决完问题后,再利用鱼骨图法进行头脑风暴,引导学生总结规律,得出感悟,归纳结论,从而把知识的单项灌输变成自我吸收、拓展运用。

三是要创设贴近学生实际生活的问题情境。启发式学习的关键在于创设学生熟悉的生活情境,选取贴近学生实际生活的素材,教师通过设计形式多样的课堂活动引导学生在真实的情境中去应用学科知识解决实际问题。课堂教学过程中所创设的问题情境、所采用的各种素材应该是学生熟悉的、学习过的、能够在记忆中调取到的,否则就会"启而不发"。因此,教师在备课时往往都特别关注学情分析,尤其是要对学生已有的知识、能力进行细致的分析,在新课的讲授过程中才能引导学生在原有的基础上、在新的情境下,运用所学自主分析、比较、概括,从而解决新的问题,并在这个过程中使自身的学科核心素养得以提升。

在解决实际问题启发学生思考时,应着重注意把握问题的选取与思路设计,防止流于形式,或混同于一般的"问答法"。

> **案例** 初中三年级"想象作文"讲评教学片段
>
> 北京一零一中温泉校区　王文娟
>
> 1. 学习内容
>
> 作文材料:三十年后,北京会有突飞猛进的发展,世界为之瞩目,因为无数人在为北京的发展做着贡献。请以"'我'与北京的故事"为题,写一篇想象作文。

---

[1] 王桂红.核心素养背景下启发式教学存在的问题及优化策略研究 [D].济宁:曲阜师范大学,2021.

2. 分解梳理问题

分解梳理问题的具体内容见表6-1。

表6-1 分解梳理问题

序号	学生写作中的问题	老师选择的合适的问题	问题导向
1	没有体现"我"	未来的"我"是怎样的？	人物建构
2	没有写出30年后"北京"的特质	30年后的北京是怎样的？	环境设置
3	没有写出"我"与"北京"的关系	"我"与北京之间发生了怎样的故事？	情节安排

3. 学习策略：设计好启发的思路方案

【片段1】启发引导

（1）发布任务一：未来的"我"是怎样的？

（2）通过思维导图的方式，预设具体而详细的问题任务群，如图6-2所示。

图6-2 启发式的思维导图

【片段2】启发引导

（1）发布任务二：30年后的"北京"是怎样的？

（2）通过头脑风暴的方式启发引导。

1）学生的回答：

未来的学生希望不再有作业。

不用参加没完没了的考试。

上大学不用通过分数来衡量。

……

2）教师启发引导：这仅是作为一名学生的角度，还可以有其他的角度吗？

3）学生的回答：

教师、父母、小孩、成人、普通百姓、领导……

4）再次启发引导：立足北京的现实，你对未来北京有怎样的展望？

5）学生的回答：

目前北京存在的问题包括房价过高、教育不均衡、交通拥堵、养老问题、就业压力大、环境污染等。期望未来的北京，这些问题都能得到妥善解决：全面实现社会住房保障、数字教育实现教育基本均衡、无人驾驶让出行更为有序、储蓄式养老解决了老有所养问题、北京成为世界人才高地……

【片段3】启发引导

（1）发布任务："我"与"北京"之间发生了怎样的故事？

（2）学生回答：我是一名未来城市建筑师。我建造的房子经济实惠，可以随时折叠，解决了北京空间有限、房价过高、住房难的问题。

我是一名空中飞行驾驶员，为北京的交通运输、交通安全做着力所能及的贡献。

……

（3）学习结果：获取知识。

当学生就问题进行思考，给出各种各样的答案后，教师可以利用框架表组织学生充分讨论，进而由教师启发学生归纳出这种想象作文的写作策略，见表6-2。

表6-2 写作启发框架

想象点	建构模型	模型特点	建构策略
人物塑造	多维的——年龄、身份、职业、地位、性格、信念	多面、立体、非常态化赋能	大胆合理的想象、夸张、变形
环境设置	多角度的——自然环境、社会环境（政治、经济、法制、科技、文化环境等）	具体、逼真、新奇、非常态化情境	
情节安排	建构联系——人与环境（科技）（和谐或冲突）	曲折、巧妙、合理	

6.5.4 利用技术工具提供学习支架

随着教育信息化的不断发展，模拟仿真与数字教学平台等信息技术工具为启发式学习提供了更广阔的应用场景。在信息技术支持的学习环境中，教师和技术工具都可以发挥启发的作用。例如，智能教学代理能为学生提供基于学习过程的反馈，数字教学平台能呈现更丰富的信息来启发学生。教育教学模型日益涌现，也日益丰富了教育教学模式，为提升学生的学习动机，改善教育教学提供了广阔的道路。以生物竞赛课程为例，我们引用弗吉尼亚理工大学教授布莱特·琼斯（Brett Jones）关于有效教学的研究成果——有效教学（MUSIC）模型，如图6-3所示，修订了依托此模型而设计的中学有效教学量表，利用修订后的量表对学生进行测评，结果显示学生在有用性维度打分最低，这意味着学生觉得所学知识没有太大用处，在关怀和兴趣两个维度上的打分较有用性高一些，学生最满意的是成功和赋权，也就是说学生能够在教师的课堂中感受到成功的喜悦和教师赋予的自由选择权。这些数据为教师改善教学提供了方向。为了提升学生对知识有用性的感受，可以采取以下具体策略：在设计活动之前，详细阐释所有任务的目的；询问学生或其他人认为课程内容有用的原因，也可以请第三方来解释[1]。

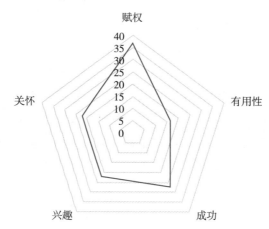

图6-3 生物竞赛强基课程MUSIC模型问卷前测雷达图

在学习情境中，动机影响学生所从事的学习活动的方向、强度、持续性及质量。在课堂教学中，利用信息技术提供针对性的反馈，对学生的学习动机有极大的影响。及时反馈是指在行为或作业完成之后立刻给予反馈，以便学生在接下来的活动中能够吸收反馈意见。

再以一节职业学校高一英语课为例，首先，教师在课堂教学中，利用学习通平台布置重点习题。学生在平台上完成习题后，教师根据平台反馈的信息数据及时了解学生的知识盲点，而后针对学生的出错点进行重点讲解。学生也能快速发现自己的问题，有的放矢地进行学习，以便更顺利地完成下面的练习。其次，教师将"协同写作文档"引入课堂，可实时监测所有学生的输入，及时给予指导评价。小组成员也能同时进行写作编辑和组间评价，对同学编辑的句子相互进行批改。通过利用这一信息技术及时完成课堂反馈，大大激发了学生的学习动机，提高了课堂的学习效率。具体设计如下：

> **案例** 宾语从句教学片段
>
> 北京市信息管理学校　陈曦
>
> **活动1：学习宾语从句的用法**
> **（1）教师活动**
> 引导学生根据课前所学，介绍that引导宾语从句时态的用法。发布习题，请学

---

[1] 北京师范大学教师发展中心. 中心举办"精心设计教学，激励学生学习"讲座[EB/OL].（2017-05-18）[2023-05-10]. http：//fd.bnu.edu.cn/pxyyt1/jxlnff1/143456.html.

生转述几位医学专家的医疗建议。结合学生平台答题情况，讲解that引导宾语从句的用法。

(2) **学生活动**

查找宾语从句，以小组为单位，找出文章中的宾语从句。讲解宾语从句中时态的用法，用宾语从句转述医生建议的句式：

The doctor suggested /advised / told / said（that）...should...

在学习通上完成习题，并用宾语从句转述医学专家们的建议，体会由that引导的宾语从句的用法及时态问题。

(3) **设计意图**

通过平台即时数据反馈，有利于教师准确了解学生的知识盲点，更好地突破教学重点，重点讲解由that引导的宾语从句的用法及时态问题，学生也能及时了解自己的问题，及时改正，以便更好地完成下面的学习任务。

活动2：转述医生建议

(1) **教师活动**

点评学生在课前搜集的线上医生治疗日常疾病的建议；指导学生在协同写作文档里完成宾语从句转述医生建议的练习；点评各小组写的句子，讲解共同的错误点，指导学生进行组间评价。

(2) **学生活动**

结合课前准备的线上医生针对日常疾病所提建议的资料，以小组为单位进行协同编辑，练习用宾语从句转述医生针对日常疾病的建议，每人运用宾语从句转述一条医生建议；开展组间评价，在协同写作文档里标出对应小组同学的错误点；改正自己写的句子。

(3) **设计意图**

1）学生利用课前搜集的资料，自主进行信息加工，理解宾语从句转述医生建议的用法，提高了学生的自主学习能力。

2）协同写作文档的引入，更利于教师监测全体学生的学习情况，师评、组评更加便捷，及时反馈激发了学生的学习动机，大大提高了课堂的教学效率。

策略小结：

在本课教学中，教师挖掘和研究信息化教学资源、智能化学习平台和多样化教学软件，实现了教与学全过程数据采集与分析。教师充分利用信息技术手段支持课堂教学，利用学习通平台及时了解学生的知识盲点，力争满足学生个性化的学习需求。

"协同写作文档"适合大多数英语读写课，可实时输入、实时修改，今后可以在英语教学中进行推广，教师可随时结合触屏白板，在大屏上修改学生的错误，让学生更直观地了解自己的知识盲点。

6.5.5 使用图示工具呈现学习内容

图示法是一种直观教学法，具有简明、清晰的特点，可以把复杂抽象的理论教学加以形象化、条理化。按照皮亚杰的发生认知论来解释，图示法可以看作学习者接受教育者的指导和启发，并从图示工具等教学材料中获取信息，不断积累能够影响认知图式的环境因素，即发生同化。图示法主题突出、目标清楚，既有利于学生把握知识及重点知识之间的联系，又有助于拓宽学生的思路。充分利用各种图片、图像、地图等进行形象化教学的方法非常适合初中学生这一年龄段的认知特点。用好图示法，就可以帮助学生快速地记住一些枯燥的概念、原理，做到在理解的基础上记忆，还可以潜移默化地教给学生有效的学习方法、思维方法，不断提高学生的学习能力。

在下面这个教学案例中，教师通过展示专题地图、景观图片、动画图像等帮助学生快速了解众多中国省级行政区的名称和轮廓，引导学生从中挑选适合自己的省区记忆方法。对于初中学生来说，记忆并灵活应用中国的34个省级行政区相关知识（全称、简称、行政中心名称、省区轮廓、省区相互位置关系等）是一大难点，学生往往会产生畏难情绪。这时就需要教师引导学生选出适合自己的记忆方法，色彩缤纷的各种省区图像的展示有利于学生加深印象、突破难点，快速有效地记住，而不是死记硬背。

> 🔒 **案例**　　　　　　　　**中国的行政区划**
>
> 北京交通大学附属中学分校　　吕华
>
> 环节1：课堂活动——认识省级行政单位
>
> （1）师生活动
>
> 动态展示多种省区知识记忆方法，供学生体验、选择。
>
> （2）设计意图
>
> 通过演示文稿，形象化地推荐多种省区记忆方法，便于学生自主选择适合自己的记忆方法。
>
> 环节2：随堂练习
>
> （1）师生活动
>
> 引导学生应用中国省区拼图的FLASH动画小程序；展示省区磁力拼图，由学生代表亲自体验拼图游戏。

（2）设计意图

通过演示文稿，形象化地推荐多种省区记忆方法，便于学生自主选择适合自己的记忆方法。

图示法不仅可应用于新知识的快速记忆，还可以体现在旧知识的系统梳理过程中。在下面这个教学案例中，教师关于知识框架图的系列环节设计，就非常值得我们学习借鉴。这是一节初二生物学的复习课《人体的营养》，该节内容充分体现了"生物体是一个统一的整体"的学科观念。教师在课堂上注意引导学生树立整体观念，通过板书、板图帮助学生把人体各系统器官的活动联系起来。这样的学习目标对于大多学科知识掌握比较零散的初二学生来说，还是有一定难度的。在课堂上教师为学生提供了相关的图文信息资料，搭配精心设计的学案，引导学生分小组合作完成难度递增的学习任务：任务一"结合模式图填写消化系统的组成"，这属于识图识记层次要求；任务二"写出发生在胃和小肠中的消化过程"，采取填空式作答，教师引导学生自主挖掘关键信息；任务三"写出与小肠消化吸收功能相适应的结构特点"，要求学生整句描述，训练学生提取图文信息，能用生物学术语进行表述，有效提升学生生物学科的阅读素养，同时帮助学生很好地把握住生物体结构与功能相适应的生命观念。最后，师生合作完成了图文并茂的板书，把整堂课的知识体系化。

案例　　　　人体的营养

北京交通大学附属中学分校　余秀琴

环节1：看图提取重要信息

（1）设计意图

从口腔图片出发，引导学生阅读文本，从图片中提取信息，分析不同结构的功能区别，进而能自己识图，提取图文信息、分析消化系统各器官在消化过程中的联系，初步体会人体是一个统一的整体，同时体会生物体的结构与功能相适应的生物学观点。

（2）教师活动

任务一： 食物中的营养物质是如何进入人体细胞的呢？那么，大分子有机物是如何被消化吸收的呢？消化吸收发生的场所是我们的消化系统。教师用板图展示消化系统结构模式图——两名同学上台填写。营养健康调查问卷的一道题引出新话题：为什么要细嚼慢咽呢？究竟有什么好处呢？出示两张口腔图片，提示："你能观察到什么结构，它们都有什么作用？它们的作用相似吗？归纳食物在口腔中的消化。

任务二：结合所给的图片，小组合作找出发生在下列消化器官（胃和小肠）内的物理性消化和化学性消化。教师投影展示一名同学的学案，同学之间对照一起订正。教师带领学生一起再梳理一遍营养物质的消化过程。

（3）学生活动

学生根据提示回答（水、无机盐、维生素是小分子物质，可直接被细胞吸收，而糖类、蛋白质、脂肪属于大分子有机物，需要先分解成为小分子，然后再被吸收，即先消化再吸收）。

学生识图，独自完成任务一组成消化系统的主要器官。学生思考回答，依据之前科学探究专题"馒头在口腔中的消化"，学生能理解物理性消化和化学性消化，并能说出"细嚼慢咽"的科学道理；学生小组讨论，结合所给图片，完成学案；学生边回答边整理学案。

环节2：小组讨论

（1）设计意图

提供给各小组小肠的结构图片资料，小组讨论，提取图文信息，用生物学术语描述小肠是消化吸收的主要器官的结构特点。

（2）教师活动

展示营养物质的吸收示意图。小肠是吸收营养物质的主要场所。那么，小肠有哪些适合消化和吸收的结构特点呢？任务三：结合这组图片完成小肠适合消化吸收的结构特点有哪些？

（3）学生活动

学生依据之前的图片提取信息经验，小组合作，能较快地找出小肠适合消化吸收的结构特点。

环节3：总结知识框架

利用板书总结本节课的主要内容，消化系统由消化道和消化腺组成，消化腺分泌消化液进入消化道，完成食物的消化在消化道被吸收进入血液。本节课主干知识以板书形式展现知识网络框架，体现生物体结构与功能相适应的同时，体现了消化系统各器官的内在联系，初步体会人体是一个统一的整体，如图6-4所示。

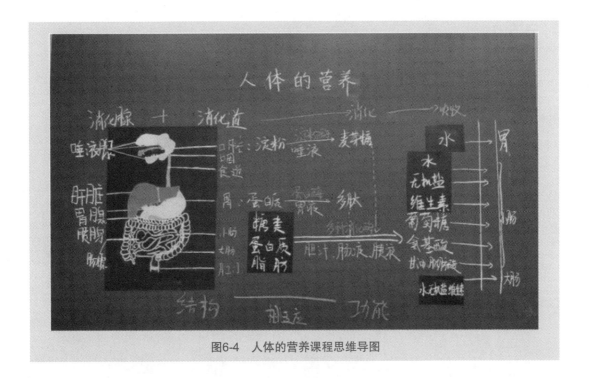

图6-4　人体的营养课程思维导图

6.5.6　提供真实的学习任务增强学习动机

情境学习理论是启发式学习的重要基础，这一理论强调知识与情境之间动态相互作用的过程，认为"学习者在情境中通过活动获得了知识，学习与认知本质上是情境性的"。在一定的教学情境下开展"教"与"学"，选取学生熟悉的生活素材，按照学习目标进行适当的加工，设计成适合本学科教学的内容，教师给学生设计的学习任务要让学生直观、明确地看到抽象的概念和理论是否与他们的实际生活有关、是否有价值。教学素材来自真实生活或是学生感兴趣的热点话题往往能够调动学生主动参与课堂教学的积极性，例如化学中的防疫用品——消毒剂这一话题。

含氯消毒剂是高中化学教学中的重点内容，也是生活中常见的用途广泛的消毒剂，特别是84消毒液，但生活中大多数学生见过84消毒液，较少的学生使用过84消毒液，几乎没有学生阅读过84消毒液的使用说明。这节课包含了一个真实问题：解读84消毒液的使用说明。对于这个问题的解决，需要学生从真实问题情境中提取核心物质，预测核心物质的性质和可能发生的反应，再根据任务进行假设检验、获得结论。如何让学生对这一化学学习任务产生兴趣呢？教师在本节课的开篇以传染病暴发背景下全民使用84消毒液引入新课，适时提出84消毒液的主要成分就是次氯酸钠。这一真实问题情境的创设有效激发了学生去学习、去了解这种物质的愿望，"阅读并了解84消毒液使用说明书"不再是课堂上硬性规定的学习任务，而是成为学生主动想去做的事。

案例 日常生活中的消毒剂

北京交通大学附属中学分校 田云翠

整堂课的设计思路，如图6-5所示。

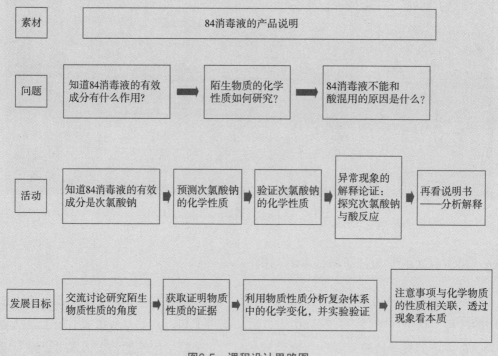

图6-5 课程设计思路图

1. 教师活动

【创设情境，新闻导入图】

在传染病暴发的过程中，人们大量使用84消毒液进行消毒，"84"消毒液可谓是为抗疫立下了汗马功劳。

【课前提问】

1）84消毒液的主要成分和有效成分是什么？

2）如何合理使用84消毒液？使用时有什么注意事项？

【指导阅读】

要了解一个化学产品的功效，以及使用注意事项，应该从哪里入手呢？

当然是产品说明书了，如图6-6所示。

本节课的任务——科学使用含氯消毒剂就转化成了"应用次氯酸钠的性质分析、解释84消毒液的使用注意事项"。

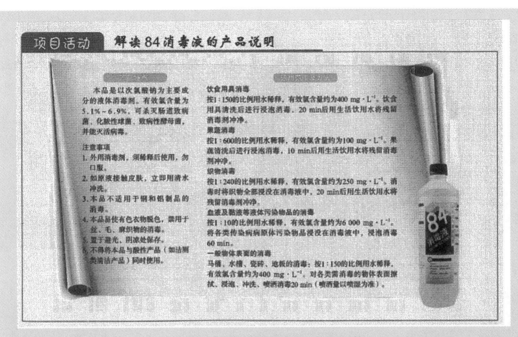

图6-6　84消毒液的产品说明书

2. 学生活动

【看视频】

创设情境，引发情感共鸣。

【回忆】

氯气的性质——氯气和氢氧化钠发生反应可以制得漂白液，其主要成分是氯化钠和次氯酸钠，有效成分是次氯酸钠。

【阅读】

说明书上明确指出84消毒液的有效成分就是次氯酸钠。因此，次氯酸钠的性质就是84消毒液的主要性质，次氯酸钠的性质也就决定了84消毒液的使用注意事项。

3. 设计意图

借助时事热点创设情境引入话题，感受化学物质在社会生活中的存在价值，也有助于学生科学态度与社会责任的培养；同时帮助学生建立生活中认识化学品的好习惯——阅读使用说明。

6.5.7　利用灵活多样的作业启发学生思维

在落实新课标，倡导信息技术与教育教学深度融合的背景下，很多教师对传统教学方式进行了反思和改进，提倡启发式学习。

教师在课堂教学、课后巩固环节都可以开展启发式学习。语文学科开展启发式学习，应围绕语文学科的核心素养进行。就课后作业而言，教师应结合学习内容、学生认知水平，围绕核心素养的四个方面——语言建构与运用、思维发展与提升、审美鉴赏与创造、文化传承与理解来布置一些具有针对性、拓展性、探究性、开放性的作业，通过作业启发学生的语文思维。借助作业判断学生是否真正掌握所学内容。因为学生水平不一，课后作业采用分层法，设计难度不同的任务，学生根据自己的能力水平进行选择并完成。教师根据学生的作业难度选择和完成情况便可了解学生的学习效果。下面以高一年级语文基础模块下册《合欢树》的教学为例进行说明。

> **案例** 　　　　　　《合欢树》教学片段
>
> 　　　　　　　　北京市信息管理学校　　屈莉
>
> 　　本课采用了网络平台教学与传统课堂教学相结合的方式。教学基本构思是在网络平台开展阅读研讨，在现实课堂利用网络平台课堂的学习成果，通过老师的组织、引领、点拨，有针对性地解决学生的共性问题，突破重难点，推进学生对文本的深入探究。同时改变传统作业的形式，尝试了探究性、个性化的作业形式。
>
> 　　首先在网络平台开展互动交流，启发学生思考：史铁生以"合欢树"作为承载母爱的载体，如果让你写一篇表现亲情的文章，你会以什么为题呢？接着请学生说说选择的原因。这个活动启发学生思考，充分调动学生积极性，巧妙有效地彰显学生的个性。当学生结合个人体验展开讨论时，不仅提高了语言表达能力，而且水到渠成地学会去爱、学会感恩、学会珍惜，从而实现本文的情感目标。然后结合学生的特点和认知水平，布置以下作业：利用网络查找资料，以《品读<合欢树>》为题，依据评价标准，设计并制作一张图文并茂的语文电脑报，上传到学习通平台班级网络文坛中，进行展示交流。电脑报包括四个"一"：一位作者、一段感悟、一则短笺、一篇文章。具体内容如下：
>
> 　　1.教师活动
>
> 　　（1）完成拓展练习
>
> 　　可以表现母爱的载体很多，史铁生独选"合欢树"。如果让你写一篇表现亲情的文章，你会以什么为题呢？说说你选择的原因。
>
> 　　（2）布置作业，拓展延伸
>
> 　　利用网络查找资料，以《品读<合欢树>》为题，设计并制作一张图文并茂的语文电脑报（word格式，具体参看评价标准），上传到学习通平台班级网络文坛中，进行展示交流。具体内容包括以下四个"一"：
>
> 　　1）一位作者：2010年12月31日，作家史铁生去世。请你介绍一下谁是史铁生，他有什么不平凡的经历。

2）一段感悟：找出文中最令你感动的细节或句子，写出自己对此的感悟或理解（100字左右）。

3）一则短笺：结合学习本文的感悟，给自己的妈妈写一则短笺，把不敢、不忍、不好意思向母亲说的话写下来。

4）一篇文章：围绕亲情这一主题，向大家推荐一篇散文。推荐阅读莫言的《母亲》、庄因的《母亲的手》。

2. 学生活动

结合自己的人生体验讨论、发言获得自己对人性美的思考。学生利用网络查找资料，完善作家介绍；完成读写练习；美文推荐，并简单说明推荐理由；最后依据评价标准，设计一张电脑报，提交至学习通平台，交流展示。

3. 设计意图

在理解课文含义，产生情感共鸣的基础上，结合学生的个人体验，进行口语表达训练，让学生学会去爱、学会感恩、学会珍惜，至此，实现本文的情感目标。依据学生的特点和认知水平布置作业，借助信息化平台进行互动交流、读写结合，提高学生在自我探究学习和协作学习过程中的成就感，养成良好的阅读习惯，促进语文学科核心素养的形成。制定评价标准，通过电脑报的形式，将语文学习和专业学习有效结合，使学生在语文学习中提高专业技术水平，促进综合职业能力的形成。

这样的作业，既有语文知识的巩固，也有创造性的读写活动，密切联系学生的学习实际和生活实际，将语文学习和专业学习有效结合，借助信息化平台进行互动交流，通过作业启发学生思维，调动了学生学习的积极性，提高学生在自我探究学习和协作学习过程中的成就感，养成良好的阅读习惯，促进语文学科核心素养的形成。

策略使用心得：高中阶段的学生具有一定的自我意识，作为信息时代的原住民，他们很乐意通过灵活的方式发现、探讨、解决问题。启发式学习可以更好地培养学生的问题意识，学生在对问题的探究讨论中不仅可以加深对文章内容的理解，而且锻炼了语言能力和思维能力。在作业巩固环节，分层布置作业的做法有利于开展启发式学习。基础性作业可以有针对性地巩固课堂内容，探究性、个性化、开放性的作业能激发学生的兴趣，激活学生的思维，学生会积极主动地思考，认真独立地完成作业，效果良好。值得提醒的是，教师在设计作业时要充分考虑学情，关注学生的思维特点，制定具体可操作的评价标准，建立多元化的评价体系。作业内容及方式要立足学生的长远发展，在具体的学习情境和积极的言语实践中，择机将语文学科和学生专业课融合在一起，通过作业提升学生的思维能力，引导学生学会学习，为学生今后成为全面发展的高素质劳动者和技术技能人才奠定基础。

6.6 本章结语

启发式学习相比其他学习方式，更重视学生对学习内容的自主建构，同时也强调为学生提供适合的教学指导、创设适宜的学习环境，以促进学生概念图式的转变，实现启发和顿悟。启发式学习在开展过程中要能与学生的自主学习相协调，做到适时启发和广泛迁移。因此，教师要充分把握启发式学习背后的机制和特点，将其理念融入教学实践中，通过教学设计和学习环境支持，提升学生的学习动机，促进学生主动学习和深入思考，从而实现深层次、有意义的学习。

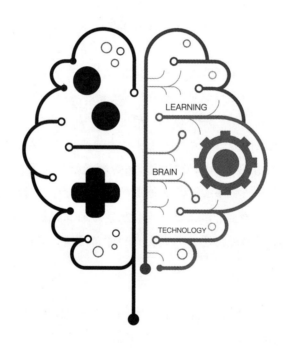